COMO LIDAR COM A TEIMOSIA DE SEU FILHO

EDIÇÃO REVISADA

JAMES DOBSON

COMO LIDAR COM A TEIMOSIA DE SEU FILHO

EDIÇÃO REVISADA

Publicado por *Tyndale House Publishers, Inc.*

Título original
Temper Your child's tantrums

Tradução
Rubens Castilho

Revisão
Maria Cândida Becker
João Guimarães
Josemar de Souza Pinto
(nova edição)

Capa
Rafael Brum

Diagramação
Sonia Peticov

Gerente editorial
Juan Carlos Martinez

1ª edição – 1998
2ª edição – 2020

Coordenador de produção
Mauro W. Terrengui

Impressão e acabamento
Imprensa da fé

Editora Hagnos
Av. Jacinto Júlio, 27
04815-160 • São Paulo - SP • Tel. Fax: (11) 5668-5668
hagnos@hagnos.com.br • www.hagnos.com.br

Dados Internacionais de Catalogação na Publicação (CIP)
Angélica Ilacqua CRB-8/7057
(Câmara Brasileira do Livro – CBL)

Dobson, James

Como lidar com a teimosia de seu filho/ James Dobson; Traduzido por Rubens Castilho. — São Paulo, Hagnos, 2020

Título original: *Temper Your Child's Tantrums*

ISBN 978-85-243-0567-2

1. Crianças —- Criação 2. Disciplina infantil 3. Pais e filhos I. Título

98-2602 CDD-649.64

Índices para catálogo sistemático:

1. Crianças: Disciplina: Educação doméstica 649.64
2. Disciplina infantil: Educação doméstica 549.64

Sumário

Introdução

Todo pai ou mãe precisa de uma ESTRATÉGIA

Uma mulher com sete filhos irrequietos entrou em um ônibus e ocupou um assento atrás de mim. Seu cabelo estava todo despenteado, e sua aparência desolada revelava um estado de total exaustão. Enquanto ela cambaleava com sua tropa agitada, perguntei-lhe: — Todas essas crianças são suas ou se trata de algum tipo de piquenique?

Olhando para mim com seus olhos fundos, ela disse: —São todos meus e, acredite em mim, não é *nenhum* piquenique!

Sorri para mim mesmo, entendendo plenamente o que ela quis dizer. As crianças pequenas têm uma capacidade fantástica de atingir o sistema nervoso de um adulto. Elas geralmente são ruidosas e aprontam confusões incríveis, brigam entre si, deixam o nariz escorrer, esperneiam, berram e têm mais energia em seus gordos dedinhos do que a mamãe em todo o seu corpo cansado.

A PATERNIDADE É MAIS DIFÍCIL DO QUE PARECE

Não há dúvida quanto a isto: os filhos são pequenas pessoas dispendiosas. Para serem criados devidamente, requerem o *máximo* que você pode dar de seu tempo, esforço e recursos financeiros.

Entretanto, para aqueles que nunca experimentaram a paternidade, a tarefa pode parecer ridiculamente simples. Tais pessoas me fazem lembrar de um homem que observava um jogo de golfe pela primeira vez e imaginava: "Isto parece fácil. Tudo o que você tem a fazer é acertar aquela bolinha branca e mandá-la para longe em direção àquela bandeira". Então ele se dirigiu ao montículo de terra sobre o qual estava colocada a bola, ergueu o taco para trás de seu tronco e fez a *bolinha branca* sair saltando a uma distância de menos de três metros à esquerda. Consequentemente, devo advertir àqueles que ainda não assumiram as responsabilidades da paternidade que o jogo de educar filhos é mais difícil do que parece. A paternidade é custosa e complexa.

Então eu estaria sugerindo que os casais recém-casados não devem ter filhos?

Certamente que não. O casal que ama crianças e deseja experimentar a emoção de procriar não deve amedrontar-se ante o desafio da paternidade. Falando de minha própria perspectiva como pai, nunca houve momento mais emocionante em minha vida do que olhar atentamente nos olhos de minha filha recém-nascida e cinco anos mais tarde nos olhos de meu filhinho.

O que pode haver de mais estimulante do que olhar para aqueles pequeninos seres humanos começando a desabrochar, a crescer, a aprender e a amar?

Que recompensa mais significativa pode haver do que estar sentado diante da lareira com meu filho ou filha em meu colo, abraçando meu pescoço e sussurrando: "Eu amo você, papai".

Oh, sim, *filhos custam caro, mas valem o preço*. Além disso, nada que tem valor é barato.

Em busca de um rumo

Muitas frustrações da paternidade ocorrem porque não temos nenhum modelo ou *estratégia* bem planejada para seguir quando aparecerem as inevitáveis circunstâncias que se desdobram. Então, quando os problemas previsíveis e rotineiros acontecem, você se arrisca, ao acaso, por meio de acertos e erros nas tentativas.

Os pais que seguem esse rumo me fazem lembrar de um amigo que voava em seu avião monomotor em direção a um pequeno aeroporto na zona rural. Ele chegou ao destino quando o sol se punha atrás de uma montanha e, enquanto colocava o avião em posição de aterrissagem, não podia ver o complicado campo de pouso logo abaixo. Ele não dispunha de luzes em seu avião, e ninguém estava de plantão no aeroporto.

Ele rodeou a pista em outra tentativa para pousar, mas a escuridão tornou-se ainda mais impenetrável. Durante duas horas, ele voou com seu avião, dando voltas na escuridão da noite, sabendo que caminhava para a morte certa quando seu combustível se esgotasse.

Então, quando o pânico tomou conta dele, aconteceu um milagre. Alguém lá embaixo ouviu o ronco contínuo de seu motor e percebeu o apuro do piloto. Aquele homem misericordioso colocou seu carro na pista de pouso, foi para a frente e para trás para mostrar ao meu amigo a localização da faixa de pouso, em seguida parou na extremidade da pista e deixou as luzes de seu carro acesas, iluminando a pista enquanto o avião pousava.

Penso nessa história toda vez que aterrisso à noite em um avião comercial. Quando olho adiante, posso ver as luzes verdes às margens da pista, indicando ao piloto para onde levar seu avião. Se ele se mantiver entre aqueles limites sinalizados pelas lâmpadas, tudo irá bem. Há segurança na zona iluminada, porém o desastre reside à esquerda ou à direita.

Não é disso que necessitamos como pais? Deve haver limites claramente marcados que nos digam para onde direcionar o caminho da família. Precisamos de algumas *diretrizes* que nos ajudem a criar nossos filhos em segurança e com saúde.

Esperança para a criança voluntariosa

Meu propósito ao escrever este livro é proporcionar alguns esclarecimentos que contribuam para a paternidade competente. Vamos tratar particularmente do aspecto da disciplina no que se refere à criança voluntariosa. A maioria dos pais tem pelo menos um filho, que parece ter nascido com a clara ideia de como ele deseja que o mundo seja conduzido e uma intolerância por todos os que discordam dele. Mesmo na infância, ele se irrita toda vez que sua comida atrasa e insiste em que alguém o tire do berço quando ele acorda. Mais adiante, durante a idade de um a três anos, ele declara guerra total a todas as formas de autoridade, em casa ou fora dela. Sua maior emoção é desenhar nas paredes, jogar gatinhos na privada e apertar a descarga. Seus pais são frequentemente pessoas frustradas, dominadas pelo sentimento de culpa, que vivem indagando onde foi que erraram e por que a vida de seu lar é tão diferente do que eles esperavam.

Vamos investigar essa criança impulsiva durante seu crescimento, progressivamente: a fase de um a três anos, os anos da préescola, o período do primeiro grau e também a fase da pré-adolescência. Minha firme convicção é que a criança voluntariosa geralmente possui mais potencial criativo e mais força de caráter do que seus irmãos complacentes, porém isso só se desenvolverá se seus pais canalizarem seus impulsos e tiverem controle de sua vontade turbulenta. O que escrevo é dedicado a esse propósito.

Em resumo, este livro destina-se a prover conselhos e sugestões *práticas* aos pais que podem estar enfrentando esses desafios mais difíceis sem um plano ou uma preparação prévia. Se fui bem-sucedido, esta nossa conversa pode oferecer uma pista iluminada para os pilotos que voam em círculos com o avião em uma noite escura.

A batalha das VONTADES

Da família Dobson fazem parte: uma mãe, um pai, um menino e uma menina, um *hamster*, um periquito, um solitário peixe dourado e dois gatos irremediavelmente neuróticos. Vivemos em relativa harmonia com um mínimo de brigas e discussões.

Contudo, há outro membro de nossa *família,* que não é tão parecido com os outros e pouco colaborador. É um cão bassê de cinco quilos e meio chamado Sigmund Freud (Siggie), que na verdade se considera dono do lugar. Já me disseram que os bassês tendem de certo modo a ser independentes, mas Siggie é, de fato, um incorrigível revolucionário. Ele não é apenas desobediente; ele quer dirigir tudo, e nós dois temos nos envolvido em uma luta de poder nos últimos doze anos.

Siggie não é apenas obstinado; ele não faz sua parte na família. Não traz o jornal nas manhãs frias, recusa-se a *correr atrás da bola para as crianças*, não mantém os roedores fora do jardim e não faz qualquer uma das *gracinhas* que a maioria dos cachorros aprende. É uma lástima, mas *Siggie* se recusou a participar de qualquer treinamento de autodesenvolvimento que comecei em seu benefício. Ele se dá por satisfeito apenas em andar daqui para lá, cheirando os postes, molhando-os e parando para cheirar rosas.

Além disso, Sigmund não é nem mesmo um bom cão de guarda. Essa suspeita foi confirmada em uma noite em que recebemos a visita de um ladrão que tinha entrado em nosso quintal às três horas da manhã. Acordei de repente de um sono profundo, levantei-me da cama e caminhei pela casa sem acender as luzes. Eu sabia que havia alguém no quintal, e Siggie também sabia disso, porque o pequeno covarde estava agachado atrás de mim!

Senti meu coração pulsar mais forte por uns minutos, caminhei pelo corredor até o fundo e coloquei a mão na maçaneta da porta de acesso ao quintal da casa. Naquele momento, o portão do quintal, quase sem barulho, foi aberto e fechado. Alguém esteve a um metro de mim e esse *alguém* estava agora fazendo alguma coisa em minha garagem.

Siggie e eu tivemos uma curta conversa na escuridão e decidimos que ele devia ser quem ia investigar o que se passava. Abri a porta dos fundos e disse ao cachorro para atacar, mas Siggie ficou parado! Ficou ali soluçando e tremendo tanto que quase não pude puxá-lo de volta para o corredor. Com o ruído e a confusão que se seguiram, o intruso escapou (para alívio tanto do cachorro como do homem).

Quem é o chefe?

Por favor, não me entenda mal. Siggie é parte da nossa família, e nós temos muito carinho por ele. Apesar de seu temperamento anárquico, conseguimos finalmente que ele obedecesse a umas poucas e simples ordens. Entretanto, tivemos algumas batalhas *homéricas* antes que ele se sujeitasse com relutância à minha autoridade.

A maior confrontação aconteceu há alguns anos, quando estive em Miami durante três dias de conferência. Ao retornar, observei que Siggie tinha se tornado em minha ausência o chefe da casa. Mas só percebi mais tarde naquele dia quão drasticamente ele se apossou de sua nova posição.

Às onze horas daquela noite, ordenei a Siggie que fosse para sua cama, em um canto permanente da sala de estar. Durante seis anos, eu lhe tinha dado essa ordem a cada final da noite, e durante seis anos ele tinha obedecido.

Nessa ocasião, contudo, ele recusou-se a se mexer. Veja só, ele estava no banheiro, sentado confortavelmente sobre a tampa macia do vaso sanitário. Esse é o seu lugar favorito na casa, porque ali ele se permite desfrutar do calor de um aquecedor elétrico. (Siggie teve que passar por um duro aprendizado extremamente importante, que foi entender que a tampa deveria estar abaixada *antes que* ele pulasse do chão para cima dela. Nunca vou esquecer a noite em que ele aprendeu essa lição. Ele disparou ruidosamente fugindo do frio, saltou e mergulhou na bacia destampada, quase se afogando antes que eu o tirasse dali.)

Quando ordenei a Sigmund que saísse de seu assento quentinho e fosse para sua cama, ele levantou as orelhas e lentamente voltou a cabeça em minha direção. Deliberadamente ele tomou uma atitude ofensiva quando colocou as patas nas bordas da tampa e, com o apoio de seus ombros, levantou o focinho, arreganhou os dentes e rosnou ameaçadoramente. Esse era o modo de Siggie dizer: "Fora daqui!" Eu já conhecia esse desafiante mau humor e sabia que havia somente um jeito de lidar com ele. A *única* coisa a fazer, para que Siggie obedecesse, era ameaçá-lo com violência.

Nenhuma outra coisa funcionava. Voltei-me e fui até o guarda-roupa pegar uma cinta curta para me ajudar a lidar com o sr. Freud. Minha esposa, que estava assistindo o desenrolar desse drama, me disse que, assim que eu saí do banheiro, Siggie pulou de seu posto predileto e ficou olhando no corredor aonde eu tinha ido. Em seguida, ele se protegeu atrás dela e rosnou.

Quando retornei, levantei a cinta e novamente ordenei a meu cão irado que fosse para a cama. Ele se manteve firme, por isso dei-lhe uma cintada no traseiro, e ele tentou morder a cinta. Bati de novo nele, e tentou *me* morder.

O que aconteceu em seguida é difícil de narrar. Aquele cãozinho e eu tivemos a luta mais feroz jamais encenada entre um homem e um animal. Briguei com ele por toda a casa, em meio a arranhões, unhadas, rosnadas e cintadas. Sinto-me desconcertado diante da lembrança de toda aquela cena. Centímetro a centímetro, empurrei-o em direção ao seu canto e à sua cama na sala de estar. Como uma última manobra desesperada, Siggie pulou na almofada e se pôs contra o canto da parede, para uma última rosnada. Finalmente consegui que ele ficasse em sua cama, mas apenas porque eram noventa quilos de peso contra cinco e meio.

Na noite seguinte, esperei por outra cena de cerco e de luta no horário de dormir. Para minha surpresa, porém, Siggie aceitou minha ordem sem oposição ou queixa e simplesmente foi até o seu cantinho, em silêncio e submissão. Na verdade, essa luta ocorreu há mais de quatro anos, e desde então Siggie nunca mais repetiu a mesma atitude.

Fica claro para mim agora o que Siggie estava dizendo de seu jeito canino: "Não acho que você seja tão durão para me fazer obedecer". Talvez eu pareça estar humanizando o comportamento de um cachorro, mas acho que não. Os veterinários confirmam que algumas raças de cães, notadamente o bassê e o pastor, não aceitam a liderança de seus donos até que a autoridade humana passe pelo teste de fogo e comprove sua validade.

Este não é um livro sobre disciplina de cachorros, porém há em minha história um importante princípio moral altamente relevante para o mundo infantil. *Do mesmo modo que um cão ocasionalmente desafia a autoridade de seus donos, assim é a criança pequena, apenas um pouco mais difícil.*

Esta não é uma afirmação sem importância, pois é a representação de uma característica da natureza humana, que raramente é reconhecida (ou admitida) pelos *especialistas* que escrevem livros sobre a questão da disciplina. Preciso ainda encontrar um texto para pais ou professores que confirme a luta, a desgastante confrontação de vontades, que muitos pais e professores experimentam costumeiramente com as crianças. A liderança adulta raramente é aceita sem desafio pela geração seguinte. Ela deve ser *testada* e considerada digna de ser seguida pelos pequeninos que são instruídos a ceder e a submeter-se à sua orientação.

Por que as crianças desafiam a autoridade

Por que as crianças são tão teimosas? Todos sabemos que elas são amantes da justiça, da lei, da ordem e dos limites seguros. O escritor da carta aos Hebreus chegou a dizer que uma criança indisciplinada assemelha-se a um filho ilegítimo, nem mesmo pertencente à família. Por que, então, os pais não podem resolver todos os conflitos por meio de conversas e explicações tranquilas e tapinhas amistosos no ombro?

Encontramos a resposta no curioso sistema de valores das crianças, que respeita a força e a coragem (quando associadas ao amor). Que explicação melhor pode ser dada para a popularidade dos míticos Super-Homem, Capitão Marvel e a Mulher Maravilha no folclore das crianças? Por que as crianças proclamam: "Meu pai pode bater no seu pai!"? (Uma criança respondeu a esta afirmação: "Isso não é nada. Minha *mãe* também pode bater em meu pai!").

Uma hierarquia da força

Veja bem, meninos e meninas se preocupam com a questão de *quem é mais forte*. Toda vez que um garotinho se muda para um novo bairro ou para uma nova escola, ele geralmente tem que lutar (seja verbal, seja fisicamente) para se entrosar na hierarquia da força. Qualquer um entende que as crianças sabem que há em cada grupo um cão pastor alemão por cima e um cachorrinho lulu espezinhado na base do grupo. Cada criança entre os dois extremos sabe onde ela se posiciona em relação às outras.

Recentemente minha esposa e eu tivemos a oportunidade de observar essa hierarquia social vir à tona. Convidamos catorze meninas da quinta série, colegas de nossa filha, para virem a nossa casa para uma noite de bate-papo e dormirem juntas. Foi um gesto educado, mas posso dizer-lhe com sinceridade que nunca mais faremos isso. Foi uma noite exaustiva, sem dormir, cheia de risadinhas, agitação, pulinhos e sustos. No entanto, foi também uma noite muito interessante do ponto de vista social.

As meninas começaram a chegar às cinco horas da tarde na sexta-feira, e seus pais vieram apanhá-las às onze horas da manhã do sábado. Encontrei a maioria deles pela primeira vez naquele fim de semana, porém durante aquelas dezessete horas com elas senti-me capaz de identificar a posição de cada criança na hierarquia do respeito e da força.

Havia uma abelha-mestra que era a chefe do grupo. Todas queriam fazer o que ela sugeria, e seus gracejos causavam gargalhadas ruidosas. Depois, a uns poucos degraus abaixo dela havia a princesa número dois, seguida pela três, quatro e cinco. No fim da lista estava uma garotinha maltratada, que era alienada e rejeitada por todo o rebanho. Seus gracejos foram tão talentosos (penso) como os da líder; no entanto, ninguém ria quando ela fazia graça. Suas ideias de um jogo ou de uma brincadeira eram imediatamente rejeitadas como estúpidas ou tolas. Eu me vi de repente defendendo essa menina isolada por causa da injustiça de sua situação. Infelizmente, há um discriminado ou perdedor em cada grupo de três ou mais crianças (de ambos os sexos). Isso faz parte da natureza da infância.

Esse respeito pela força e pela coragem também faz com que as crianças desejem saber quão *valentes* são seus líderes.

As crianças querem saber quão "**valentes**" são seus **líderes**.

Elas ocasionalmente irão desobedecer às instruções paternas com o preciso propósito de testar a determinação daqueles que detêm o comando. Assim, quer você seja pai, avô, líder de escoteiros, quer motorista de ônibus ou professor, posso garantir que mais cedo ou mais tarde um de seus filhos ou uma criança sob sua autoridade vai bater seu pequeno pé e desafiar sua liderança. Como Siggie na hora de dormir, ela vai transmitir este recado ao mostrar sua maneira desobediente: "Não acho que você seja tão valente assim para me obrigar a fazer o que manda".

Os jogos das crianças

Esse jogo desafiador, que eu chamo de *Desafie o chefe,* pode ser praticado com surpreendente habilidade por crianças bem novas. Recentemente um pai me disse que levou sua filha de três anos a um jogo de basquete. A menina estava, naturalmente, interessada em tudo o que via no ginásio, menos no próprio jogo.

O pai permitiu que ela passeasse e subisse os degraus da arquibancada, porém determinou os limites até onde ela podia chegar. Ele pegou em sua mãozinha e caminhou com ela pelo ginásio até uma faixa pintada no solo. "Você pode brincar em toda parte, Jane, mas não passe desta faixa", advertiu ele.

O pai ainda não tinha chegado ao seu assento e a garotinha correu na direção do território proibido. Ela parou ao lado da faixa por um momento, em seguida disparou um sorriso maroto por sobre o ombro para o pai e deliberadamente colocou o pé em cima da faixa, como que dizendo: "E agora, o que você vai fazer?" Na realidade, cada pai deste mundo já ouviu ou *viu* essa mesma pergunta alguma vez.

Toda a raça humana é afligida por essa mesma tendência do desafio obstinado que essa garotinha de três anos mostrou. Sua atitude no ginásio de esportes não é muito diferente daquela insensatez de Adão e Eva no jardim do Éden. Deus os advertiu de que podiam comer os frutos de *quaisquer* árvores do jardim, exceto um ("não passe desta faixa"). No entanto, eles desafiaram a autoridade do Todo-poderoso e desobedeceram deliberadamente ao seu mandamento. Talvez essa tendência à obstinação seja a essência do *pecado original* que se infiltrou na família humana. Isso certamente explica por que coloco essa ênfase na reação apropriada ao desafio intencional da criança, pois essa rebelião pode lançar as sementes do desastre pessoal. A espinhosa erva daninha que ela produz pode crescer e tornar-se um arbusto emaranhado durante os turbulentos dias da adolescência.

Quando um pai ou uma mãe recusa-se a aceitar esse desafio hostil, alguma coisa muda em seu relacionamento. A criança começa a olhar para sua mãe e seu pai com desrespeito. Eles não são merecedores de sua obediência. Há ainda uma pergunta mais importante: Por que eles não me deixariam fazer minhas travessuras, se eles me amam?

Dois tipos de crianças

Tenho observado recém-nascidos e crianças até três anos recentemente e fiquei absolutamente convencido de que no momento do nascimento existe nas crianças um temperamento inato que desempenhará um papel importante ao longo da vida.

O extremo **paradoxo da infância**: meninos e meninas querem ser guiados por seus pais e mães, mas insistem que os pais e mães conquistem o direito de guiá-los.

Apesar de eu ter negado esse fato quinze anos atrás, agora estou certo de que a personalidade dos recém-nascidos varia consideravelmente, mesmo antes que a influência paterna seja exercida. Toda mãe de dois ou mais filhos afirma que cada um deles tem uma personalidade diferente, um modo de *sentir* distinto, desde os primeiros dias de vida.

Numerosas autoridades na área de desenvolvimento infantil concordam atualmente que essas pequenas e completas criaturas chamadas bebês estão longe de ser *uma folha em branco* quando chegam ao mundo. Um estudo importante de Chess, Thomas e Birch revelou nove tipos de comportamento em que os bebês diferem uns dos outros. Essas diferenças tendem a persistir mais tarde na vida e estão presentes nos níveis de atividade, sensibilidade, concentração e humor, bem como em outras características.

Outra característica dos recém-nascidos (não mencionada por Chess) se relaciona a um traço que pode ser chamado de *força de vontade.*

1. A criança complacente

Algumas crianças parecem ter nascido com uma atitude tranquila, complacente em relação à autoridade externa. Quando são bebês, não choram com muita frequência, dormem a noite inteira desde a segunda semana, fazem *gu-gu* para os avós, sorriem enquanto a fralda é trocada, ficam muito pacientes quando a hora de mamar atrasa e, certamente, nunca vomitam a caminho da igreja.

Mais tarde, durante a infância, elas gostam de manter o quarto limpo e especialmente de fazer o dever de casa, além de ficarem entretidas durante horas. Não há muitas dessas crianças supercomplacentes, infelizmente, mas sabe-se que elas existem em alguns lares (não no meu).

2. A criança voluntariosa

Do mesmo modo que há algumas crianças naturalmente tranquilas ou complacentes, há outras que parecem hostis desde que saem do ventre materno. Elas chegam ao mundo fumando um charuto, berrando por causa da temperatura na sala de parto, da incompetência da equipe de enfermagem e do modo com que o hospital é administrado. Elas esperam que as refeições sejam servidas no instante em que forem pedidas e exigem sua mãe a todo momento. À medida que os meses transcorrem, sua expressão de impertinência torna-se mais aparente, os ventos assumem a força de um furacão durante essa fase, que vai até os três anos.

Pensando nas características complacentes e voluntariosas das crianças, procurei uma ilustração para explicar a ampla diversidade do impulso do temperamento humano. Rapidamente, encontrei uma analogia apropriada em um supermercado.

Imagine-se em um supermercado, empurrando um carrinho pelos corredores. Você dá um leve empurrão, e ele desliza para a frente pouco mais de dois metros e meio, parando gradualmente. Você continua caminhando alegremente colocando no carrinho a sopa, as bisnagas de *ketchup* e os pacotes de pão. Fazer compras é uma tarefa fácil, pois, mesmo quando o carrinho está sobrecarregado de mercadorias, ele pode ser impulsionado com apenas um dedo.

Contudo, fazer compras assim nem sempre é uma bem-aventurança. Em outras ocasiões, você escolhe um carrinho de compras que fatalmente já espera sua chegada à porta do supermercado. Quando você empurra aquela coisa desengonçada para a frente, ela se desvia para a esquerda e bate em uma pilha de garrafas. Recusando-se a forçar seus músculos a empurrar um carrinho vazio, você joga todo o seu peso sobre a barra revestida de plástico, lutando desesperadamente para manter o veículo em linha reta. Ele parece ter sua própria opinião quando arremete contra uma pilha de caixas de ovos e vira de ré para outro lado em direção à pilha de leite, quase esmagando o pé de uma vovó com tênis verde. Você está tentando fazer a mesma tarefa que realizou com facilidade na semana anterior, mas hoje o trabalho se assemelha mais a um combate. Você está exausto pelo tempo que levou guiando o carrinho rebelde em direção ao caixa.

Qual é a diferença entre os dois carrinhos de compra? Evidentemente, um deles está bem alinhado, com as rodas lubrificadas que vão aonde seu dedo conduz. O outro tem as rodas tortas, desalinhadas e se recusa a ceder à sua vontade.

Você percebe como essa ilustração se aplica ao caso das crianças? Podemos observar experiência idêntica, pois há crianças que têm *as rodas tortas!* Elas não vão para onde são guiadas, porque sua própria inclinação as leva a outras direções.

Além disso, a mãe ou o pai que está *empurrando* o *carrinho* deve consumir sete vezes mais energia para fazê-lo mover-se, em comparação com outra mãe ou pai de uma criança com *rodas alinhadas e lubrificadas*. (Somente as mães de crianças voluntariosas, birrentas, teimosas é que compreendem *plenamente* o sentido dessa ilustração.)

Sua criança é normal?

Mas como reage a criança normal ou comum? Minha suposição inicial era que as crianças ocidentais poderiam ser representadas por uma curva de distribuição normal em forma de sino, no que diz respeito à determinação da vontade. Em outras palavras, presumia que houvesse bem poucas crianças complacentes e igualmente um pequeno número de voluntariosas, mas a grande maioria de crianças se inclinava para uma posição quase no meio da distribuição (veja o gráfico a seguir).

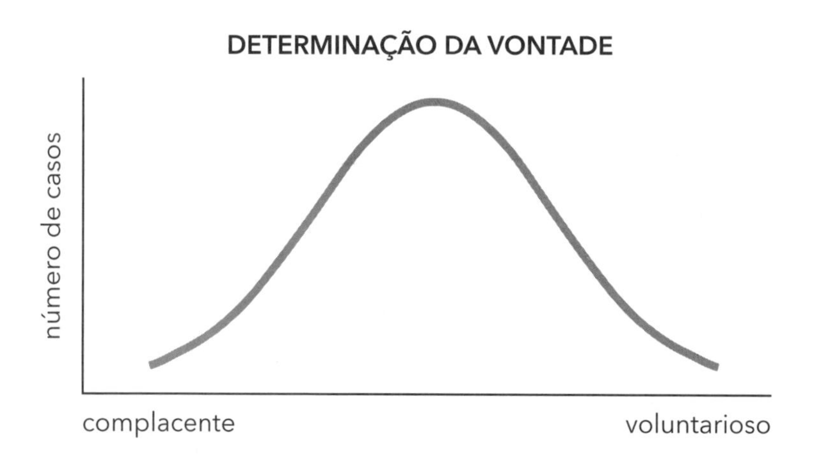

Entretanto, tendo falado a pelo menos 25 mil pais aflitos, estou convencido de que minha suposição estava errada. A distribuição verdadeira provavelmente esteja representada no gráfico abaixo. (Não tome essa observação tão literalmente, pois talvez ela somente faça *parecer* que a maioria das crianças de um a três anos está tentando conquistar o mundo.)

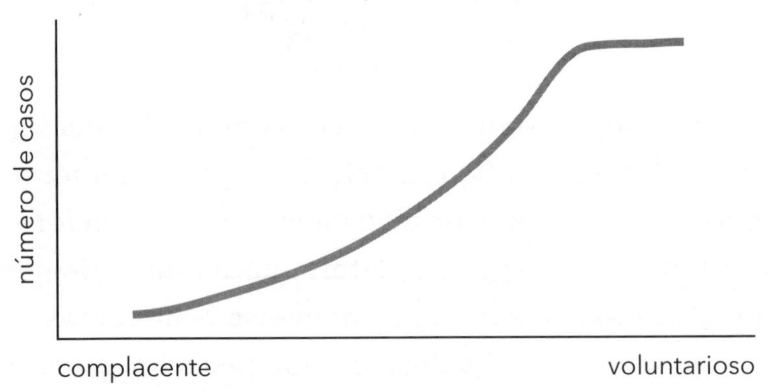

IRMÃOS: EXTREMOS OPOSTOS DO ESPECTRO

Há outro fenômeno que nunca fui capaz de explicar e que diz respeito aos relacionamentos entre os irmãos. Quando há duas crianças na família, é provável que uma seja *complacente* e a outra, *voluntariosa*.

A criança tranquila, acomodada, é geralmente encantadora. Ela sorri pelo menos dezesseis horas por dia e passa a maior parte de seu tempo tentando adivinhar o que seus pais desejam e como ela pode fazê-los felizes. Na realidade, ela *precisa* do louvor e da aprovação dos pais, desse modo sua personalidade é bem influenciada por esse desejo de receber sua afeição e seu reconhecimento.

A segunda criança encara a vida com a vantagem de um ponto de vista oposto. Ela está soltando todos os freios e tentando ganhar o controle do mecanismo de direção da família. Você percebe como essas diferenças de temperamento lançam as bases para uma séria rivalidade e ressentimento entre irmãos?

A criança voluntariosa enfrenta continuamente a disciplina, ouve muitas ameaças e repreensões com o dedo em riste diante de seu rosto, ao passo que seu irmão angélico, o tipo bonzinho, aproveita sua auréola e se aninha no calor da aprovação paterna. Os dois se opõem pela natureza de suas personalidades divergentes e podem passar a vida inteira brigando e se arranhando.

Observações para pais desgastados

Há várias outras observações que podem ser úteis para os pais de uma criança voluntariosa.

1. Admita a culpa e a angústia que você, como pai consciencioso, sente com frequência. Você está visivelmente se empenhando em uma disputa tipo cabo de guerra, que o deixa naturalmente frustrado e cansado. Ninguém lhe havia dito que a paternidade seria tão difícil!

2. Não se censure por causa da tensão que surge entre você e sua criança voluntariosa. Muitas pessoas planejam agir como pais eficientes e amorosos lendo historinhas para seus anjinhos em seus pijaminhas no calor dos cobertores. A diferença entre a vida como ela é e como deveria ser pode tornar-se uma realidade assustadora e penosa.

3. Não se deixe intimidar por pais de crianças complacentes que não compreendem as suas dificuldades com uma criança obstinada.

4. Não dê ouvidos a comentários como: "Se você criasse seus filhos como eu faço, não teria esses problemas terríveis". Afirmações como essa apenas intensificam sua culpa e angústia.

5. Anime-se diante do fato de que a criança rebelde pode ser difícil de controlar, mesmo quando seus pais a tratam com grande habilidade e dedicação. Pode levar alguns anos para conduzi-la ao ponto de obediência e de cooperação relativas dentro da unidade da família.

6. Não tente conseguir uma transformação completa de um dia para o outro. Enquanto esse programa de treinamento está em processo, é importante não entrar em pânico.

7. Trate seu filho com amor sincero e dignidade, mas exija que ele respeite sua liderança.

8. Escolha criteriosamente as questões que merecem confrontação e, depois, aceite seu desafio naqueles pontos e *vença* de modo absoluto.

9. Recompense cada gesto positivo e de cooperação de seu filho com atenção, afeição e elogio verbal.

A CHAVE PARA O POTENCIAL DE SEU FILHO

O conselho mais precioso que posso dar aos pais de uma criança agressiva e independente refere-se à importância de começar a moldar a vontade de seus filhos desde os *primeiros* anos.

Acredito honestamente, embora a suposição seja difícil de comprovar, que a criança voluntariosa está em uma categoria de *alto risco* no que diz respeito ao seu comportamento antissocial em sua vida no futuro. Ela está mais propensa a desafiar seus professores na escola e a questionar os valores que lhe tenham sido ensinados, bem como a confrontar aqueles que a orientam. Creio que ela é mais inclinada à promiscuidade sexual e ao uso de drogas, além de enfrentar dificuldades escolares.

Essa não é uma previsão exata, com certeza, porque as complexidades da personalidade humana tornam impossível prever o comportamento com total exatidão. Devo também enfatizar que o quadro como um todo não é negativo. Provavelmente a criança voluntariosa pode ter mais caráter e maior potencial para uma vida produtiva do que seu irmão complacente.

Entretanto, a efetivação desse potencial pode depender de um ambiente firme, porém amoroso, desde cedo no lar. Portanto, repito minha admoestação: *Comece a moldar a vontade dessa criança enquanto ela está no período de um a três anos.* (Observe que eu não disse *esmague* a vontade, ou destrua-a, ou extingue-a. A forma de moldar a vontade da criança será o assunto dos próximos capítulos.)

CORRIGIR ou não corrigir?

A jovem mãe de uma menina desafiadora de três anos aproximou se de mim recentemente em Kansas City para me agradecer a publicação de meus livros e fitas. Ela me disse que poucos meses antes sua filha havia ficado cada vez mais teimosa e procurava intimidar seus pais frustrados. Eles sabiam que estavam sendo manipulados, mas não conseguiam reconquistar o controle.

Então, por acaso, um dia eles viram um exemplar de meu primeiro livro, *Ouse disciplinar.*[1] Compraram o livro e aprenderam em suas páginas que é apropriado disciplinar uma criança em certas circunstâncias bem definidas. Minhas recomendações faziam sentido para aqueles pais atormentados,

[1]DOBSON, James. *Ouse disciplinar*. Nova edição. São Paulo: Editora Vida, 1994.

que prontamente corrigiram sua impertinente filha assim que ela lhes deu motivo para isso.

No entanto, a garotinha era bastante esperta e imaginou de onde eles haviam tirado aquela nova ideia. Quando a mãe acordou na manhã seguinte, encontrou seu exemplar de *Ouse disciplinar* boiando no vaso sanitário! Aquela graciosa garotinha tinha feito o melhor que pôde para mandar meu livro para o esgoto, onde, em sua opinião, ele devia estar. Suponho que foi a mais forte apreciação editorial que recebi sobre tudo o que já escrevi!

Esse incidente com uma criança de três anos não foi um caso isolado. Outra criança localizou meu livro em uma prateleira cheia de livros e atirou-o na lareira acesa. Eu poderia facilmente tornar-me um paranoico por causa dessas hostilidades. O dr. Benjamin Spock é amado por milhões de crianças que cresceram sob sua influência, mas aparentemente toda uma geração de garotos e garotas está ressentida comigo e gostaria de me agarrar em um beco sem saída, em alguma noite sombria.

Sem dúvida, as crianças estão cientes do choque de vontades entre gerações, e é precisamente essa a razão por que a reação paterna é tão importante. Quando uma criança se comporta de maneira desrespeitosa e prejudicial consigo mesma ou com outra pessoa, seu propósito oculto é geralmente o de verificar a estabilidade dos limites.

Esse teste tem a mesma função do policial que gira a maçaneta da porta em lugares comerciais quando escurece. Embora tente abrir as portas, ele espera que elas estejam trancadas e seguras.

Do mesmo modo, uma criança que investe contra a autoridade amorosa de seus pais fica tranquila quando percebe uma liderança firme e confiante. Ela encontra sua maior segurança em um ambiente estruturado, onde os direitos das outras pessoas (e os seus próprios) são protegidos por limites definidos.

Nosso objetivo, pois, é *moldar a vontade da criança* durante os primeiros anos da infância. Mas como isso deve ser feito? Tenho falado a centenas de pais que reconhecem a validade do princípio, mas não têm ideia de como ele pode ser implementado em seu lar. Em razão disso, o restante deste capítulo foi destinado a sugestões e recomendações específicas. Vamos começar com seis diretrizes gerais, desenvolvidas com base em meus escritos anteriores e acompanhadas de exemplos práticos para cada idade.

Como moldar a vontade de uma criança

1. Defina os limites antes que eles sejam impostos

O passo mais importante em qualquer procedimento disciplinar é estabelecer *antecipadamente* expectativas e limites razoáveis. A criança deve saber *qual é* e *qual não é* o comportamento aceitável, *antes* que seja considerada responsável pelo cumprimento de tais regras. Essa condição prévia vai eliminar a sensação impositiva de injustiça que uma criança sente quando recebe um tapa ou é punida por seus atos desastrados, por sua maldade e por sua desobediência. Se você não os definiu, não os imponha!

2. Quando você for desafiado propositadamente, reaja com determinação

Uma vez que a criança compreenda o que sua conduta vai causar, ela deve ser responsabilizada por seu resultado. Isso parece fácil, mas, como temos visto, muitas crianças tendem a violar as regras e a autoridade paterna, contestando seu direito de comando. Em um momento de rebeldia, uma criança pequena avalia os desejos de seus pais e ostensivamente decide desobedecer. Como um general antes de uma batalha, ela calcula o risco potencial, toma posição e ataca o inimigo com uma artilharia pesada.

Quando esse confronto entre gerações ocorre face a face, é *extremamente* importante que o adulto vença decisiva e confiantemente. A criança está disposta a lutar, e seus pais devem ser prudentes em não desapontá-la!

Nada é mais destrutivo para a liderança paterna do que a mãe ou o pai ceder ou render-se durante esses confrontos. Quando um dos pais perde essa batalha, caindo em lágrimas, gritaria ou outro sinal de frustração, algumas mudanças dramáticas acontecem na maneira com que são *vistos* por seus filhos. Em vez de serem considerados líderes firmes e confiantes, os pais se tornam fracos e não merecedores de respeito ou submissão.

3. Distingua obstinação intencional de irresponsabilidade infantil

Não se deve disciplinar uma criança por comportamento que não seja obstinação ou desobediência intencional. Quando ela

Se você não definiu, **não imponha**!

se esquece de dar comida ao cão, de arrumar sua cama, de levar a lata de lixo para fora, ou quando deixa a raquete de tênis na chuva ou perde sua bicicleta, lembre-se de que esses comportamentos são típicos da infância. Provavelmente seja apenas um mecanismo pelo qual uma mente imatura se protege das ansiedades e das pressões adultas.

Seja amável ao ensiná-la a fazer as coisas da melhor maneira. Se ela se recusar a aceitar sua paciente instrução, torna-se então propício mostrar-lhe algumas consequências bem definidas. Por exemplo, ela pode ter que *pagar* pelo dever não cumprido ou ser privada de usar o item envolvido. A irresponsabilidade da criança é muito diferente da obstinação ostensiva e deve ser tratada com mais paciência.

4. Transmita tranquilidade e ensine depois de terminada a conversa corretiva

Passado o conflito, durante o qual o pai ou a mãe demonstrou seu direito de liderar (principalmente se o incidente resultou em lágrimas da criança), o menino ou a menina entre dois e sete anos (ou de mais idade) pode desejar uma demonstração de amor e confiança renovada.

De alguma forma, abra seus braços à criança e deixe que ela venha a você! Aperte-a em seus braços e reafirme-lhe com palavras e gestos o seu amor. Balance-a com suavidade e faça com que ela saiba, novamente, por que está sendo punida e como pode evitar esse problema na próxima vez. Esse momento de comunicação consolida o amor, a fidelidade e a unidade da família.

Para a família cristã, é extremamente importante orar com a criança em uma ocasião assim, admitindo perante Deus que *todos* temos pecado e que ninguém é perfeito. O perdão divino é uma experiência maravilhosa, mesmo para uma criança bem pequena.

5. Evite exigências impossíveis de satisfazer

Esteja absolutamente seguro de que seu filho é *capaz* de atender ao que você requer dele. Nunca o castigue por urinar na cama involuntariamente, por não conseguir usar o penico, ou por não ir bem na escola. Essas exigências impossíveis de ser satisfeitas colocam a criança em um dilema, do qual ela não sabe como sair. Essa situação causa danos inevitáveis ao sistema emocional humano.

6. Deixe que o amor seja seu guia!

Um relacionamento caracterizado por amor e afeto verdadeiros tem tudo para ser saudável, embora alguns desvios e erros paternos sejam inevitáveis.

Você deve disciplinar seu filho fisicamente?

Com essas seis diretrizes gerais funcionando como pano de fundo, vamos agora voltar nossa atenção aos instrumentos e técnicas mais específicos para moldar a vontade infantil. Comecemos pela prática da disciplina física, que tem sido assunto de calorosas controvérsias nos últimos anos. Mais tolices têm sido escritas sobre esse assunto do que os demais aspectos da educação dos filhos juntos. Observe a opinião do dr. John Valusek, um psicólogo com quem estive em um programa de entrevistas na televisão. O meio de deter a violência nos Estados Unidos é parar de disciplinar os filhos fisicamente, argumenta o psicólogo John Valusek. Em palestra perante a Associação da Saúde Mental de Utah, há pouco tempo, Valusek declarou que o ato de disciplinar fisicamente promove a tese de que a violência contra os outros é aceitável. Ele disse:

> A disciplina física é o primeiro centímetro na régua da violência [...]. Ela é seguida de agressão e, por fim, de rapto, roubo e assassinato. A conduta-modelo que se pratica no lar cria as condições para a seguinte atitude: "Recorro à violência quando não sei mais o que fazer".[2]

Para o dr. Valusek e seus colegas tolerantes, posso apenas dizer o seguinte: *conversa fiada*! Como é ridículo culpar os esforços de disciplina de pais amorosos pela obsessão por violência.

Essa ideia é especialmente idiota diante do rastro de sangue a que nossos filhos são expostos diariamente na televisão. Em média, os jovens de dezesseis anos já assistiram a 18 mil assassinatos durante seus anos de formação, incluindo um bombardeio diário de esfaqueamentos, tiros, enforcamentos, decapitações e mutilações em geral.

Assim, parece-me estranho que os especialistas da psicologia de nossos dias procurem as causas da brutalidade em outro lugar para finalmente virem com dedo em riste no rosto

[2]VALUSEK, John. Parade Magazine, 6 de fevereiro de 1977, n.p.

dos pais que estão preparando diligentemente nossos futuros cidadãos responsáveis. Entretanto, essa é a acusação lançada nos últimos anos aos pais que acreditam na eficiência da prática de disciplinar seus filhos desobedientes.

Quatro ideias errôneas sobre a disciplina

A oposição ao castigo corporal pode ser resumida em quatro argumentos comuns, todos eles baseados em erro ou equívoco:

A primeira é representada pela afirmação do dr. Valusek e admite que *a disciplina dos filhos lhes ensina a bater nos outros e a machucá-los*. Ele considera o castigo corporal como um ataque físico hostil da parte de um pai irado, cujo propósito é causar sofrimento ou prejudicar sua pequena vítima.

Reconhecidamente, essa espécie de violência ocorre constantemente entre gerações e é consideravelmente destrutiva para as crianças. (Chamo-a de violência infantil e é discutida no capítulo 4.) Entretanto, o castigo corporal nas mãos de pais amorosos é totalmente diferente em propósito e prática. É um instrumento de ensino pelo qual a conduta prejudicial é inibida, e não uma tentativa raivosa de uma pessoa para ferir a outra. Um é ato de amor; o outro é um ato de hostilidade, e são tão diferentes como a noite e o dia. Respondi ao argumento do dr. Valusek em meu livro *Esconde-esconde*,[3]

[3]DOBSON, James. *Esconde-esconde*. São Paulo: Editora Vida, 1981, p. 105.

mostrando o lugar de menor sofrimento ao ensinar os filhos a comportar-se responsavelmente:

> Esses mesmos especialistas também dizem que a disciplina física ensina seu filho a bater nos outros, tornando-o uma pessoa violenta.
>
> Bobagem! Se o seu filho já bateu acidentalmente com o braço contra o fogão quente, você pode apostar que nunca mais o fará deliberadamente. Ele não se torna uma pessoa violenta só porque o fogão o queimou; na verdade, aprendeu uma lição valiosa da dor. Do mesmo modo, quando ele cai de seu cadeirão, prende o dedo na porta ou é mordido por um cachorro rabugento, aprende sobre os perigos físicos deste mundo.
>
> Esses encontrões e ferimentos através da infância são a forma pela qual a natureza lhe ensina o que deve temer. Não prejudicam sua autoestima. Não o tornam mau. Simplesmente fazem-no perceber a realidade. A disciplina física apropriada de pais amorosos funciona da mesma forma. Diz-lhe que não há somente perigos físicos a serem evitados, mas que deve também ficar longe das armadilhas sociais (egoísmo, provocação, desonestidade, agressão não provocada etc.).

A segunda justificativa contra o castigo corporal pode também ser encontrada na sentença conclusiva do pronunciamento do dr. Valusek: *Recorro à violência (corrigir fisicamente) quando não sei mais o que fazer.*

Você percebe a sutileza dessa citação? Ela caracteriza *a disciplina física como último recurso, o ato final de exasperação e da frustração.* Dessa forma, ela chega ao extremo dos gritos, ameaças, beliscões e baldes de lágrimas. As próprias autoridades que recomendam o castigo corporal geralmente caem nessa armadilha, sugerindo que ele deve ser aplicado somente quando todas as tentativas falharem. Eu não poderia deixar de discordar completamente.

A disciplina física deve ser reservada para uso em reação a uma rebeldia intencional, *sempre que ela ocorrer.* Ponto final! É muito mais eficaz aplicá-la logo no início do conflito, enquanto o sistema emocional do pai ou da mãe está ainda sob controle, do que depois de noventa minutos de arranhões e unhadas.

Na realidade, a violência contra a criança é mais propensa a acontecer quando uma criança pequena tem a liberdade de irritar, agitar, provocar, desobedecer e insultar com caretas durante horas, até que finalmente a ira paterna atinja o ponto de explosão, quando qualquer coisa pode acontecer (e geralmente acontece). Em minha opinião, profissionais como o dr. Valusek têm contribuído inadvertidamente para a violência contra crianças porque eles retiraram dos pais o direito de corrigir os problemas de comportamento rotineiro das crianças, enquanto eles ainda são de menor gravidade. Depois, quando essas pequenas frustrações se acumulam, os pais (como disse Valusek) *recorrem à violência quando não sabem mais o que fazer.*

O terceiro argumento comum contra a disciplina física vem das descobertas da psicologia animal. Se um camundongo está correndo em um labirinto, ele aprenderá muito mais depressa se o cientista recompensa suas voltas certas com alimento e contrariamente pune suas escolhas incorretas com um suave choque elétrico. Com base nesse estudo e de outros semelhantes, surgiu a incrível suposição de que *a punição tem pouca influência sobre o comportamento humano.* Contudo, os seres humanos não são camundongos, de sorte que é uma ingenuidade igualá-los de modo simplista.

Evidentemente, uma criança é capaz de atitudes rebeldes e voluntariosas que não têm nenhuma relevância para um camundongo confuso parado no cruzamento de um labirinto. Concordo que não ajudaria um menino ou uma menina aprender por meio de choque cada palavra mal pronunciada. Por outro lado, a desobediência deliberada envolve a percepção da criança em relação à autoridade paterna e suas obrigações de aceitá-la (ao passo que o camundongo nem sequer sabe que o cientista existe).

Se a punição não influencia o comportamento humano, então por que as multas por velocidade aplicadas por policiais são tão eficazes no controle do trânsito em uma rua de grande movimento? Por que, então, os proprietários de casas correm para fazer o pagamento de seus impostos em dia para evitar as multas elevadas por atraso? Se a punição não tem qualquer poder, então por que a disciplina física bem merecida frequentemente torna um pequeno desordeiro teimoso em um anjinho dócil e amoroso?

Psicologia de camundongos à parte, tanto a recompensa como a punição exercem um papel importante na formação do comportamento humano, e nenhuma delas deve ser depreciada.

O quarto argumento contra a prática sensata da disciplina física diz que *ela danifica a dignidade e a autoestima da criança.*

Esse assunto é tão importante que dediquei todo um capítulo para a preservação do espírito da criança (veja o

Aquele que **não pune o mal** ordena que ele seja feito!

LEONARDO DA VINCI

capítulo 4). É necessário dizer neste ponto que uma criança é plenamente capaz de discernir se seus pais estão transmitindo amor ou ódio. Por isso é que a criança que sabe ser merecedora de umas palmadas parece quase aliviada quando elas lhe são finalmente aplicadas. Em lugar de ser insultada pela disciplina, ela compreende seu propósito e aprecia o controle que lhe é dado sobre seus próprios impulsos.

Essa compreensão infantil foi magnificamente ilustrada por um pai que me falou de uma ocasião em que seu filho de cinco anos estava desobedecendo dentro de um restaurante. Ele estava sendo malcriado com sua mãe, atirou água gelada em seu irmão menor e deliberadamente se tornou incômodo. Depois de quatro advertências que não foram atendidas, o pai pegou-o pelo braço e o levou até o estacionamento para discipliná-lo fisicamente de maneira amorosa.

Uma mulher intrometida, que assistira à cena no restaurante, seguiu-os até o estacionamento. Quando a punição começou, ela ameaçou de dedo em riste no rosto do pai, exclamando: "Deixe o menino em paz! Solte-o! Se não soltar, vou chamar a polícia!"

O garotinho de cinco anos, que estava gritando e esperneando, imediatamente parou de gritar e perguntou, para surpresa de seu pai: "O que está acontecendo com essa mulher, papai?" Ele compreendeu o propósito da disciplina, mesmo que sua "libertadora" não tivesse compreendido. Gostaria somente que o dr. Valusek e seus contemporâneos tivessem o mesmo discernimento dessa criança.

PASSOS para a disciplina em cada IDADE

Apresso-me em salientar que o castigo físico não é o único instrumento a ser usado para moldar o comportamento, nem é apropriado para todas as idades e situações. O pai ou a mãe prudente deve compreender as características físicas e emocionais de cada estágio da infância e, então, adaptar a disciplina às necessidades individuais de um menino ou de uma menina.

Talvez eu possa ajudar nesse processo, fazendo uma lista de características específicas por idade e apresentando sugestões práticas e alguns exemplos para as diferentes estruturas das faixas etárias. Por favor, entenda que esta apresentação de modo algum esgota o assunto, mas simplesmente sugere a natureza geral dos métodos disciplinares em períodos específicos.

O pai ou a mãe prudente adapta a disciplina às **necessidades individuais** de um menino ou uma menina.

DO NASCIMENTO AO SÉTIMO MÊS

Nenhuma disciplina *direta* é necessária para uma criança até sete meses de vida, não importando o comportamento ou as circunstâncias. Muitos pais não concordam e *dão tapas em uma* criança de seis meses por agitar-se enquanto sua fralda está sendo trocada ou por chorar no meio da noite. Este é um sério erro.

Você tem um bebê difícil?

Sim, Virgínia, há bebês *fáceis* e há bebês *difíceis*! Alguns parecem determinados a demolir os lares em que nasceram. Eles dormem confortavelmente durante o dia e depois berram em protesto a noite inteira. Eles têm cólica e vomitam o mais detestável líquido ou mingau sobre suas roupinhas (geralmente a caminho da igreja). Eles controlam seus encanamentos internos até que você os entrega a estranhos e então acontece a explosão. Em vez de aninhar-se de forma aconchegante em seus braços quando você os segura, eles esticam-se rigidamente em busca da liberdade. Para ser honesto, uma mãe pode inclinar-se confusa sobre um berço barulhento às três horas da madrugada, fazendo a eterna pergunta: "O que está acontecendo, Alfie?"

Poucos dias antes, ela se questionava: "Será que ele vai sobreviver?" Agora ela pergunta: "Será que *eu* vou sobreviver?"

No entanto, acredite ou não, ambas as gerações provavelmente vão se recuperar e, rapidamente, esse começo desagregador será apenas uma vaga lembrança para os pais. E daquele tirano exigente surgirá um ser humano pensativo, amoroso, com uma alma eterna e um lugar reservado no coração do Criador. Para a nova mãe exaurida e atormentada. Permita-me dizer: "Fique firme! Você está fazendo *o* trabalho mais importante no universo".

Um bebê é incapaz de compreender sua *própria ofensa* ou associá-la ao castigo resultante. Nessa idade, ele precisa ser embalado, amado e, mais importante, ouvir uma voz humana tranquilizadora. Ele deve ser alimentado quando tem fome e mantido limpo, seco e quentinho. Basicamente, é provável que o alicerce para a saúde emocional e física seja lançado nesse período de seis meses, que deve caracterizar-se por segurança, afeição e delicadeza.

Por outro lado, é possível criar um bebê manhoso e exigente quando alguém corre até ele assim que choraminga ou soluça. As crianças são plenamente capazes de aprender a manipular seus pais por meio de um processo chamado reforço, por meio do qual qualquer comportamento que produza um resultado agradável tende a se repetir. Portanto, um bebê sadio pode manter sua mãe correndo em volta de seu berço doze horas por dia (ou noite) simplesmente por forçar o ar através de sua laringe.

Para evitar essa consequência, é importante avaliar o saldo entre dar a seu bebê a atenção de que ele necessita ou fazer dele um miniditador. Não tenha receio de deixá-lo chorar por um período razoável de tempo (que se imagina ser saudável para os pulmões), embora seja necessário aprender a discernir o tom de sua voz para diferenciá-la entre um desagrado ocasional e uma aflição genuína. Muitas mães aprendem logo a reconhecer essa distinção.

De oito a catorze meses

Muitas crianças vão testar a autoridade de seus pais durante o segundo período de sete meses. As confrontações serão menores e menos frequentes antes do primeiro aniversário, entretanto os primeiros embates já podem ser observados.

Minha própria filha, por exemplo, enfrentou sua mãe pela primeira vez quando tinha nove meses. Minha esposa estava encerando o piso da cozinha quando Danae engatinhou até a borda da cortina de juta. Shirley disse: “Não, Danae”, gesticulando para que a menina não entrasse na cozinha.

Como nossa filha começou a falar muito cedo, ela entendia claramente o significado da palavra “não”. Apesar disso, ela engatinhou diretamente para cima da cera grudenta. Shirlei ergueu-a e colocou-a sentada além da porta, repetindo “Não” com mais firmeza.

Sem ficar intimidada, Danae arrastou-se sobre o chão recém esfregado. Minha esposa levou-a de volta para o outro lado da porta e advertiu-a, agora com mais energia.

O processo foi repetido sete vezes, até que Danae finalmente cedeu e engatinhou para outro lado, chorando. Até onde podemos lembrar, essa foi a primeira colisão direta entre a vontade de minha filha e a de minha esposa. Muitas outras se seguiriam.

Como o pai ou a mãe disciplina uma criança de um ano? Com muito cuidado e de forma dócil! Uma criança nessa idade é extremamente fácil de se distrair. Em vez de arrancar uma xícara de porcelana de suas mãos, mostre-lhe uma outra bem colorida e brilhante e então se prepare para pegar a xícara que ela vai soltar.

Quando confrontações inevitáveis acontecerem, como com Danae no piso encerado, vença a batalha com firme persistência, mas não por meio de castigo. Repito: não recue por causa das lágrimas da criança, que podem tornar-se uma arma potente para escapar da hora do sono durante o dia, do sono da noite ou da hora de trocar fralda. *Tenha a coragem de guiar a criança sem ser áspera, nem tímida ou indecisa.*

Comparado aos meses que se seguirão, o período por volta de um ano de idade é geralmente uma fase tranquila, sem sobressaltos.

De quinze a vinte e quatro meses

Há quem diga que todos os seres humanos podem ser classificados em duas amplas categorias: aqueles que votam *sim* às várias proposições da vida e aqueles que votam *não*.

Posso dizer-lhe convictamente que toda criança de um ano no mundo votaria definitivamente *não*! Se há uma palavra que caracteriza o período entre o 15º e o 20º mês de idade, é a palavra "não"! Não, ele não quer comer este mingau. Não, ele não quer brincar com seu caminhão basculante. Não, ele não quer tomar banho. Além disso, com toda a certeza, ele não quer ir para a cama em momento algum. É fácil constatar por que esse período da vida tem sido chamado de *primeira adolescência,* em razão do negativismo, do conflito e do desafio que o caracterizam.

O dr. T. Berry Brazelton escreveu uma bela caracterização da terrível fase de um ano de idade em seu excelente livro *Toddlers and Parents.* Recomendo esse livro a todos os que queiram compreender essa idade fascinante e desafiadora. Cito abaixo uma representação clássica de um típico menino de dezoito meses, chamado Greg. Embora eu nunca tenha encontrado o garoto, conheço-o bem. Assim como você conhecerá, quando sua criança estiver nessa faixa de idade.

> Quando Greg começou a ser negativo no segundo ano, seus pais se sentiram como se tivessem recebido uma marretada. Sua bondade parecia submersa sob o peso das negativas. Quando seus pais perguntavam qualquer coisa a ele, seus lábios se comprimiam agressivamente, seus olhos quase se fechavam e, enfrentando-os determinadamente com seu olhar penetrante, respondia simplesmente *não.* Quando lhe ofereciam um sorvete, que ele adorava, ele já se antecipava dizendo *não.* Enquanto ele corria para pegar seu casaco de neve para sair, já dizia *não.*
>
> O hábito de seus pais observarem Greg por meio de seu jeito ou tendências converteu-se em frustração. Ele parecia

estar indisposto com eles o tempo todo. Quando era solicitado a fazer alguma coisa, sua resposta era *não posso*. Quando sua mãe tentava evitar que ele esvaziasse sua gaveta de roupas, sua resposta era *vou sim*. Ele reagia com determinação a todo limite imposto pela família, parecia nunca estar satisfeito até que seus pais desmoronassem vencidos.

Ele ligava a televisão quando sua mãe saía da sala. Quando retornava, ela desligava, chamava a atenção dele brandamente e saía. Ele ligava de novo. Ela voltava depressa e ponderava com ele, perguntando por que ele desobedecia a ela. Ele respondia *vou e vou*. A intensidade da insistência dela para que ele não mexesse na televisão aumentava. Ele retrucava olhando firmemente para ela. Ela retornava à cozinha. Ele ligava a televisão. Em determinado momento, ela estava esperando atrás da porta, virou-se para dentro da sala e deu boas palmadas em suas mãos. Ele soluçou profundamente e disse *vou e vou*. Ela sentou-se ao lado dele, pedindo-lhe que obedecesse para evitar um castigo maior. Ele voltou a fechar a cara com as sobrancelhas franzidas, escutando, porém não ouvindo. Ela se levantou esgotada, voltando aos seus afazeres. No mesmo instante, ele foi até o aparelho e ligou de novo. Quando ela retornou com lágrimas nos olhos, para corrigi-lo, disse: "Greg, por que você quer que eu o corrija? Detesto ter que fazer isso!" Ao que ele respondeu *vou e vou*. Quando ela se sentou e o pôs em seu colo, chorando baixinho com ele de bruços, Greg estendeu a mão e tocou seu rosto banhado de lágrimas.

Depois dessa discórdia, a sra. Lang estava exausta. Greg percebeu isso e começou a tentar ser útil. Ele correu à cozinha para trazer o esfregão e a pá de lixo, que arrastou até onde sua mãe estava sentada. Essa reviravolta a fez sorrir: ela o pôs em seu colo e deu-lhe um afetuoso abraço.

Greg notou a mudança de humor da mãe e foi dançando feliz até um canto, onde deslizou por trás de uma cadeira, dizendo *oi, olha*. Ao empurrar a cadeira, ele derrubou um abajur, que quebrou no chão. A reação de sua mãe foi um grito: "Não, Greg!" Ele se enrolou no chão, com as mãos nos ouvidos, olhos bem fechados, como se estivesse tentando fugir do desastre que havia causado.

Tão logo foi colocado em seu cadeirão, ele começou a chorar. Ela ficou tão surpresa que interrompeu a preparação de sua comida e o pegou para mudar de posição. Isso não resolveu o problema. Quando ela o colocou no cadeirão de novo, ele começou a se contorcer. Ela o tirou do cadeirão e o deixou brincando até que a comida estivesse pronta. Ele se estendeu no chão entre choro e gritos. Isso era tão incomum que ela inspecionou sua fralda para ver se algum alfinete aberto casualmente o estivesse machucando. Verificou se ele estava com febre e pensou em dar-lhe uma aspirina. Finalmente, ela voltou a preparar a comida. Sem ninguém perto, Greg se acalmou.

Quando ela novamente o colocou no cadeirão, seu choro estridente recomeçou. Ela pôs o prato à sua frente com os cubinhos de comida para serem espetados com o garfo. Ele empurrou o garfo para fora da mesinha e começou a afastar o prato, recusando a comida. A sra. Lang não perdeu a paciência, achou que ele não se sentia bem e ofereceu-lhe seu sorvete favorito. Ele novamente se mostrou enfastiado, recusando-se a comer com as próprias mãos. Quando ela lhe trouxe um mingau, ele, submisso, decidiu aceitar algumas colheradas. Em seguida, derrubou a colher da mão dela e afastou o sorvete. A sra. Lang concluiu que ele estava doente.

A sra. Lang retirou Greg de sua posição agressiva e colocou-o no chão para brincar, enquanto ela tomava sua própria refeição. Isso, naturalmente, não era tampouco o que ele queria. Ele continuou a importuná-la, pedindo comida do prato dela, que devorou rapidamente. Sua avidez levou-a a desconsiderar a hipótese de doença. Quando ela deixou de lhe dar atenção e continuou a comer, as proezas dele redobraram. Ele entrou embaixo da pia para pegar a garrafa de alvejante, a pedido da mamãe. Caiu de bruços e chorou muito, como se tivesse se machucado. Começou a gemer como se estivesse tendo um problema intestinal e puxou as calças. Este era quase certamente um meio de afastar sua mãe da atividade em que ela estava, pois ela procuraria agarrá-lo e levá-lo ao banheiro. Esse foi um dos sinais dele para chamar a atenção da mamãe, e ela levou-o rapidamente ao banheiro. Greg sorriu para ela sentindo-se premiado, mas recusou-se a fazer o serviço. A sra. Lang sentia-se como se estivesse sendo repentinamente bombardeada por todos os lados, sem conseguir vencer uma única batalha.

Quando ela voltou às suas tarefas, Greg produziu o movi mento intestinal que ele já estava prevendo.[1]

A ilustração parece um tanto desalentadora, e, reconhecidamente, há momentos em que um garotinho desses pode

[1]BRAZELTON, T. Berry. *Toddlers and parents: a declaration of independence*. New York: Delacorte Press, 1974, p. 101-110.

acabar com a paz e a tranquilidade de um lar. (Meu filho Ryan adorava fazer bolhas com um canudinho na vasilha de água do cachorro, uma brincadeira que ainda me deixa horrorizado.)

Entretanto, apesar de todas as suas dificuldades, não há uma fase da vida tão interessante como esse período de dinâmica florescente e reveladora. Novas palavras estão sendo aprendidas diariamente, e as graciosas expressões verbais daquela idade serão lembradas por meio século. É um tempo de fantasias sobre histórias de fadas, Papai Noel e bichinhos de pelúcia. Além disso, mais importante, é um tempo precioso de amor e entusiasmo que passa muito depressa. Há hoje milhões de pais de meia-idade ou mais idosos com filhos crescidos que dariam tudo o que possuem para reviver aqueles dias fascinantes com seus garotinhos e garotinhas.

Sugestões para sobreviver à terrível fase de um ano de idade

Permita-me fazer algumas recomendações disciplinares, que espero venham amenizar a tensão causada pela experiência com as crianças de um ano. Devo apressar-me em dizer, contudo, que o negativismo desse período turbulento é ao mesmo tempo normal, saudável e *nada* levará uma criança de dezoito meses a agir como uma de cinco anos.

1. Em primeiro lugar, por motivos óbvios, *é extremamente importante que o pai ajude a disciplinar e participe do processo educativo, quando possível.*

As crianças precisam do pai e naturalmente se identificam com sua maneira masculina de lidar com as situações, mas as esposas também precisam de seu marido. Isso é especialmente verdadeiro no caso de donas de casa, como a mãe de Greg, que se envolveu totalmente na batalha da casa durante o dia inteiro, chegando exausta ao final da tarde. O marido também está cansado, mas, se ambos se unirem na tarefa de acomodar os pequenos tigres para dormir, seria uma excelente contribuição para a estabilidade de seus lares!

Sou especialmente compreensivo com a mãe que cria uma criança de quase dois anos e um bebê ao mesmo tempo. Não há atribuição mais difícil na face da terra. Os maridos que reconhecem esse fato devem ajudar a esposa a sentir-se compreendida, amada e apoiada na tarefa vital que estão cumprindo.

2. *Para as crianças voluntariosas, na fase do primeiro ao terceiro ano, disciplinas físicas aplicadas levemente podem começar entre quinze e dezoito meses de idade.* Elas devem ser relativamente pouco frequentes e reservadas para o tipo de desafio que Greg demonstrou no caso do aparelho de televisão. Ele sabia perfeitamente o que sua mãe queria, mas recusou-se a ceder. Ele *não* deveria ser corrigido nos episódios da queda do abajur, ou pela vontade de defecar, ou por se recusar a tomar seu sorvete. Agir com autoridade excessiva nesse período pode impedir a criança de desempenhar sua necessidade de experimentar e testar seu ambiente, o que pode ter consequências duradouras.

Repetindo: as crianças de um ano devem ser ensinadas a obedecer e a submeter-se à liderança dos pais, porém o resultado final não acontece da noite para o dia.

3. *Discipline com um objeto neutro, isto é, uma pequena vara ou cinta, mas raramente com a mão!*

   Sempre senti que a mão deve ser vista pela criança como um objeto de amor, e não como um instrumento de punição. Além disso, se um pai ou mãe dá palmadas em seu filhinho quando ele não espera apanhar, posteriormente a criança poderá se esquivar e se retrair toda vez que o pai repentinamente coçar a própria orelha. Além disso, um tapa no rosto pode causar um deslocamento do nariz ou afetar permanentemente os ouvidos e a região maxilar.

   Se a disciplina física for aplicada com um objeto neutro, no local apropriado, então a criança jamais precisará temer o castigo repentino por alguma imprudência acidental. (Há exceções a essa regra, tais como quando as mãos da criança recebem palmadas ou um beliscão por aproximar-se de um fogão ou outro objeto perigoso.)

4. *A disciplina física deve doer, ou não terá nenhuma influência.* Uma simples pancada no traseiro por cima de três camadas de fraldas molhadas não transmite nenhuma mensagem incisiva. Entretanto, um pouco de dor para uma criança pequena tem efeito por um bom tempo; não é necessário, evidentemente, *açoitá-la*. Duas ou três batidas ardidas nas pernas ou no traseiro com uma vara são geralmente suficientes para enfatizar o propósito: "Você tem que me obedecer".

5. *Corrija imediatamente após a violação, ou não corrija de jeito nenhum.* A lembrança de uma criança nessa idade não é suficientemente desenvolvida para permitir mesmo uma demora de dez minutos para a aplicação do merecido castigo.

Descobertas de Testes

O QUE FAZ UMA CRIANÇA SER FELIZ E SAUDÁVEL

Gostaria de compartilhar com você os resultados de um estudo realizado durante dez anos sobre crianças entre oito e dezoito meses de idade. Essa investigação, conhecida como Projeto Pré-Escola da Universidade de Harvard, foi orientada pelo dr. Burton L. White, assessorado por uma equipe de quinze pesquisadores, entre 1965 e 1975. Eles estudaram intensamente as crianças durante esse período, com o objetivo de descobrir quais as experiências que nos primeiros anos de vida contribuem para o desenvolvimento de um ser humano saudável e inteligente. As conclusões desse exaustivo esforço estão resumidas abaixo, como foi originariamente informado na APA Monitor.[2]

[2]*APA Monitor.* Washington, D.C.: American Psychological Association, vol. 7, nº 4, 1976, n.p.

1. Torna-se claro de forma crescente que as origens da competência humana devem ser encontradas em um *período crítico de desenvolvimento* entre os oito e os dezoito meses de idade. As experiências da criança durante esses breves meses contribuem mais para influenciar a competência intelectual futura do que qualquer período antes ou depois.

2. Isoladamente, o fator ambiental mais importante na vida da criança é *sua mãe.* "Ela está no controle", disse o dr. White, e exerce mais influência sobre as experiências de sua criança do que qualquer pessoa ou circunstância.

3. O acervo da *língua falada* dirigida a uma criança (não confundir com a linguagem da televisão, rádio ou conversações ouvidas ao acaso) é vital para o desenvolvimento fundamental das suas habilidades linguísticas, intelectuais e sociais. Os pesquisadores concluíram: "Proporcionar uma vida social rica a uma criança de doze a quinze meses é a melhor coisa que você pode fazer para garantir uma boa mente".

4. As crianças que têm livre acesso às diversas áreas de sua casa progridem muito mais depressa do que aquelas que têm seus movimentos restringidos.

5. A *família unida* é o mais importante sistema educacional disponível. Se queremos criar filhos capazes e saudáveis, teremos que fortalecer as unidades familiares e desenvolver as interações que ocorrem dentro delas.

6. Os melhores pais foram aqueles que se sobressaíram em *três funções-chave*.

   a. Eles foram ótimos planejadores e organizadores do meio ambiente de seus filhos.

   b. Eles permitiam que seus filhos os interrompessem por breves momentos de trinta segundos, durante os quais trocas de ideias, agrados, informações e entusiasmo pessoais ocorriam.

   c. ELES ERAM DISCIPLINADORES ENÉRGICOS, AO MESMO TEMPO QUE MOSTRAVAM GRANDE AFEIÇÃO POR SEUS FILHOS. (Acrescentei minha ênfase. Eu mesmo não poderia ter dito melhor.)

Esses resultados tocam profundamente alguém além de mim? Ouço neles uma afirmação e uma validação dos conceitos aos quais tenho devotado minha vida profissional.

6. *Depois que o castigo for aplicado e as lágrimas cessarem, pegue seu filho no colo e tranquilize-o.* Abrace-o no aconchego de seus braços amorosos. Acalente-o com suavidade. Diga-lhe quanto você o ama e por que ele deve *obedecer à mamãe.* Esse momento pode ser o mais importante acontecimento de todo aquele dia.

7. *Não castigue a criança nesse período da vida por comportamento natural e necessário ao seu aprendizado e desenvolvimento.* Explorar seu ambiente, por exemplo, é de grande importância para a estimulação intelectual.

Você e eu, como adultos. Olhamos para um adorno de cristal e obtemos todas as informações que procuramos naquela inspeção visual. Uma criança de um ano, contudo, vai inspecioná-lo com todos os seus sentidos. Ela o agarra, coloca-o na boca, cheira-o, agita-o no ar, bate com ele na parede, atira-o através da sala e escuta o curioso ruído que faz ao transformar-se em cacos. Por esse processo, ela aprende um pouco sobre a gravidade, superfícies ásperas e lisas, a natureza quebradiça do vidro e algumas coisas assustadoras sobre a raiva da mãe.

Por acaso estou sugerindo que as crianças tenham liberdade para destruir um lar e todas as coisas que ele contém? Não, mas tampouco é correto esperar que uma criança curiosa se mantenha imóvel. Os pais devem retirar todos os objetos frágeis ou perigosos e depois esparramar no caminho da criança objetos fascinantes de todos os tipos. Permita-lhe explorar todas as coisas possíveis e nunca a castigue por tocar alguma coisa que ela *não sabia que estava fora dos limites*, independentemente de seu valor.

Com respeito aos itens perigosos, tais como tomadas elétricas e fogões, bem como uns poucos objetos intocáveis, tais como os botões da televisão, é possível e necessário ensinar e impor a seguinte ordem: "Não mexa nisso!" Depois de esclarecer o que deve ser feito, castigar nos dedos ou dar palmadas nas mãos costuma desestimular a repetição de tais atos.

Livros inteiros foram escritos sobre o assunto que estou apenas delineando aqui. Não obstante, espero que esta breve introdução dê a você uma *amostra* da disciplina para sua criança de um ano de idade.

De dois a três anos

Talvez o aspecto mais frustrante das crianças dessa idade seja a tendência de derramarem coisas, destruírem coisas, comerem coisas horríveis, caírem de coisas, atirarem coisas na bacia sanitária, matarem coisas e entrarem em coisas. Elas também têm a inclinação de fazer coisas embaraçosas, como espirrar ao lado de um cavalheiro tomando sua refeição no balcão.

Durante essa fase, qualquer silêncio inexplicável acima de trinta segundos pode levar um adulto a um repentino estado de pânico. Que mãe ainda não teve a experiência de abrir a porta do seu dormitório somente para ver o sr. Furacão coberto de marcas de batom desde a cabecinha rosada até o carpete sobre o qual está sentado? Na parede está sua própria criação artística com a marca de sua mão no centro e por todo o ambiente o forte aroma de um perfume com o qual ele ungiu seu irmão bebezinho. Não seria interessante promover algum dia uma convenção nacional, reunindo todas as mães que experimentaram esse tipo de trauma?

Quando minha filha tinha dois anos, ela ficou abismada a primeira vez que me viu fazendo a barba de manhã. Danae ficou fascinada quando espalhei espuma de barbear em meu rosto e comecei a usar o barbeador. Aquilo deveria ter sido meu primeiro pressentimento de que algo estava por acontecer. Na manhã seguinte, Shirley foi ao banheiro e encontrou nosso cão bassê, Siggie, sentado em seu lugar favorito, a tampa forrada do vaso sanitário. Danae tinha coberto a cabeça do cachorro com espuma de barbear e estava raspando os pelos de sua cabeça brilhante! Shirley gritou o nome de Danae, e isso fez que Siggie e sua barbeira saíssem correndo. Foi uma impressão estranha ver o cachorro assustado com nada em sua cabeça careca além das orelhas.

Quando Ryan era da mesma idade, ele tinha uma incrível capacidade de arranjar confusões. Era capaz de derrubar ou derramar coisas mais depressa do que qualquer outra criança, especialmente na hora da comida. (Uma vez, enquanto comia um sanduíche de creme de amendoim, pôs a mão no recheio do sanduíche. Quando a retirou, ela estava coberta de creme de amendoim, e Ryan não conseguia ver sua mão, só o creme. O garoto quase engoliu o dedo indicador.)

Por causa de sua inclinação destruidora, Ryan ouviu a palavra "bagunça" sendo usada repetidamente por seus pais. Ela se tornou a palavra mais importante do seu vocabulário. Uma noite, enquanto tomava um banho de chuveiro, deixei a porta entreaberta e um pouco de água escorreu para o chão. Como você pode esperar, Ryan vinha batendo os pés e pisou na água. Ele ergueu os olhos para mim e disse com a voz mais autoritária que podia expressar: "Quem fez toda esta bagunça aqui?"

Como tratar a criança de dois a três anos

Você *deve* manter um bom senso de humor durante os dois e os três anos, a fim de preservar sua própria sanidade. Contudo, deve também continuar a tarefa de ensinar obediência e respeito para com a autoridade. Assim, a maioria dos comentários escritos na parte anterior aplicam-se também à criança entre dois e três anos.

Embora a criança nessa fase seja muito diferente física e emocionalmente do que era aos dezoito meses, a tendência de testar e desafiar a autoridade paterna está ainda muito evidenciada. De fato, quando a criança mais jovem vence as primeiras confrontações e conflitos, será ainda mais difícil tratar com ela nessa nova fase. Então um permanente desrespeito para com a autoridade geralmente começa a se instalar em sua mente infantil.

Portanto, não posso exagerar a importância de passar duas mensagens distintas a seu filho antes que ele chegue aos quatro anos de idade: (1) "Amo você mais do que pode compreender. Você é precioso para mim e agradeço a Deus todos os dias porque Ele me permitiu criar você!" (2) "Porque eu amo você, devo ensiná-lo a me obedecer. Este é o único modo que eu tenho para poder tomar conta de você e proteger você das coisas que podem machucá-lo. Vamos ler o que a Bíblia nos diz: *Filhos, obedecei aos vossos pais* (Ef 6.1). Esta é a atitude correta que você deve tomar, porque Deus me colocou numa posição de autoridade sobre você".

A paternidade e maternidade saudáveis equivalem, no limite, a dois elementos essenciais, amor e controle, quando operam em um sistema de equilíbrio e constante verificação.

Quando há ênfase no amor sem que haja controle, é comum que surja desrespeito e indiferença. Por outro lado, a atmosfera de um lar autoritário e opressivo é profundamente ofensiva para a criança, que se sente mal amada e até mesmo odiada. Repetindo: o objetivo para a educação de uma criança de dois a três anos é alcançar um equilíbrio entre misericórdia e justiça, afeição e autoridade, e amor e controle.

Disciplina que faz sentido

Como disciplinar uma criança *desobediente* de dois ou três anos de idade, especificamente? Uma tentativa possível é pedir que a criança, menino ou menina, fique sentada em uma cadeira e pense sobre o que tenha feito. A maioria das crianças dessa idade está explodindo de energia e definitivamente detesta passar dez minutos chatos com seu corpo irrequieto colado a uma cadeira. Para alguns indivíduos, essa forma de punição pode ser até mais eficaz do que a disciplina física, sendo lembrada por mais tempo.

Pais a quem tenho feito essa recomendação geralmente dizem: "Mas e se ele não quiser ficar na cadeira?" A mesma pergunta é feita com referência à tendência de a criança sair da cama depois de ser acomodada à noite. Esses são exemplos das confrontações diretas que tenho relatado. O pai ou mãe que não pode exigir que a criança fique em uma cadeira ou em sua cama ainda não está no comando da criança. O melhor momento para mudar o relacionamento é agora.

Gostaria de sugerir o seguinte procedimento:

1. Coloque a criança na cama e faça uma pequena recomendação, do tipo: "João, desta vez mamãe está falando sério. Você está me ouvindo? *Não* saia desta cama. Você me entende?"

2. Quando os pés de João tocarem o chão, bata em suas pernas com uma pequena vara. Ponha a vara sobre sua cômoda, onde ele possa vê-la, e prometa-lhe mais uma varada se ele se levantar outra vez. Saia confiante do quarto sem qualquer outro comentário.

3. Se João descer de novo, cumpra sua promessa e faça a mesma advertência para o caso de ele sair da cama outra vez.

4. Repita o ato até que João reconheça que você é a autoridade. Em seguida, abrace-o e diga-lhe que o ama. Diga a ele como é importante que ele tenha seu descanso para não ficar doente etc. Seu propósito nesse doloroso exercício (doloroso para ambas as partes) não é apenas manter o pequeno João na cama, mas confirmar sua liderança na mente dele. É minha opinião que muitos pais não têm coragem de lutar para vencer esse tipo de confrontação, ficando desnorteados e defensivos o tempo todo. O dr. Benjamin Spock disse: "A incapacidade de ser firme é, em minha opinião, o problema mais comum dos pais nos Estados Unidos hoje". Concordo.

A paternidade e maternidade saudáveis equivalem, no limite, a dois elementos essenciais, **amor e controle**, quando operam em um **sistema de equilíbrio e constante verificação.**

DOS QUATRO AOS OITO ANOS

Na época em que uma criança chega aos quatro anos de idade, a ênfase na disciplina não deve ser apenas sobre seu comportamento, mas também sobre as *atitudes* que o motivam. A tarefa de moldar a personalidade pode ser relativamente simples ou terrivelmente difícil, dependendo do temperamento básico de cada criança em particular.

Algumas crianças são cordiais, amorosas e confiáveis naturalmente, enquanto outras acreditam sinceramente que o mundo está todo contra elas. Algumas gostam de dar e compartilhar, enquanto seus irmãos são radicalmente egoístas e exigentes. Alguns sorriem durante o dia todo, ao passo que outros se queixam com relação a todas as coisas, desde o creme dental até os legumes.

Além disso, esses padrões de atitude não são constantes em todos os momentos. Eles tendem a alternar-se ciclicamente entre rebelião e obediência. Em outras palavras, um tempo de conflito e desafio intensos (se forem apropriadamente conduzidos) dá lugar a um período de amor e cooperação. Então, quando mamãe e papai ficam aliviados e se congratulam por fazerem um supertrabalho como pais, seu pequeno camaleão muda de cor outra vez.

Alguns podem perguntar: "E daí? Por que devemos estar preocupados com as atitudes de um menino ou de uma menina?" Realmente, há muitos especialistas em educação de crianças que sugerem que os pais ignorem as atitudes negativas, incluindo aquelas que são inequivocamente de tom desafiador. Considere as recomendações ingênuas do dr. Luther

Woodward, como foi apresentado no livro para pais *Your child from two to five*:

> O que você faz quando seu filho pré-escolar chama você de um grande nojento ou ameaça jogá-lo no vaso sanitário e dar a descarga? Você ralha, castiga [...] ou, sensatamente, leva na esportiva? [...].
>
> O dr. Woodward recomenda uma diplomacia positiva de compreensão como o melhor e mais rápido meio de ajudar uma criança a superar sua violência verbal. Quando os pais percebem que todas as crianças ficam às vezes iradas e destrutivas, eles serão mais capazes de minimizar essas explosões. Uma vez que o pré-escolar supere sua hostilidade, o desejo de destruir desaparece e sentimentos instintivos de amor e afeição têm uma oportunidade de brotar e crescer. Uma vez que a criança esteja entre os seis ou sete anos, os pais podem corretamente fazer a criança saber que esperam que ela deixe de ser malcriada com eles.

Em conclusão, o dr. Woodward revela as implicações tolerantes de sua recomendação ao advertir aqueles que tentam aplicá-la:

> No entanto, essa estratégia exige uma perspectiva aberta e uma boa dose de força de vontade, principalmente quando amigos e parentes manifestam sua desaprovação e o advertem de que você está criando um monstrinho.[3]

[3]WOODWARD, Luther, in: MORTON, Edwards, ed. *Your child from two to five*. New York: Permabooks, 1955, p. 95-96.

Nesse caso, seus amigos e parentes provavelmente estão certos. Essa sugestão (publicada durante a fase da permissividade dos anos 1950 e tão típica de outros escritos daquele tempo) é baseada na ideia simplista de que as crianças vão desenvolver atitudes agradáveis e amorosas se os adultos permitirem e estimularem suas explosões de temperamento durante a infância. De acordo com o otimista dr. Woodward, o pirralho que vem chamando sua mãe de *grande porcaria* durante seis ou sete anos pode de repente abraçá-la com amor e dignidade.

Esse efeito é muito improvável. A criativa *estratégia da compreensão* do dr. Woodward (que significa ficar parado sem fazer nada) oferece um bilhete só de ida para o desastre emocional e social, em minha opinião.

Expressei minha opinião contrastante em meu livro *Ouse disciplinar*.

> Se é desejável que as crianças sejam afetuosas, compreensivas e agradáveis, essas qualidades devem ser ensinadas, e não esperadas. Se queremos ver honestidade, veracidade e generosidade em nossos descendentes, então essas características devem ser objetivos conscientes de nosso processo inicial de instrução. Se é importante promover jovens cidadãos respeitosos e responsáveis, então devemos nos dispor a moldá-los adequadamente.
>
> A essência do problema é clara: a hereditariedade não transfere a uma criança as atitudes apropriadas; as crianças aprendem o que lhes é ensinado. Não podemos esperar que as atitudes e o comportamento desejável ocorram se não fizemos antecipadamente o dever de casa. Parece claro que

muitos dos pais dos bebês norte-americanos do pós-guerra falharam nessa atribuição crítica.[4]

Dois meios de moldar atitudes

Então, *como* devem ser moldadas as atitudes das crianças? Muitos pais acham mais fácil lidar com a desobediência direta do que com as características desagradáveis de temperamento ou de personalidade. Permita-me enfatizar outra vez duas antiquíssimas sugestões para os pais. Em seguida, apresentarei um sistema que pode ser usado com a criança particularmente teimosa.

1. *Não há nada que substitua o modelo paternal e maternal de ensino de atitudes desejáveis.* Alguém escreveu: "As pegadas que uma criança segue devem ser provavelmente aquelas que os pais imaginaram que estavam encobrindo". É verdade. Nossos filhos estão nos observando atentamente e instintivamente imitam nosso comportamento.
    - Dificilmente podemos esperar que eles sejam bondosos e altruístas, se formos costumeiramente mal-humorados e egoístas.
    - Seremos incapazes de ensinar-lhes boas maneiras, se nunca dissermos "por favor" ou "obrigado" em casa ou em outro lugar.

[4]DOBSON, James. *Dare to discipline*. Wheaton, IL: Tyndale House Publishers, 1970, p. 20. Atualmente está disponível no mercado brasileiro apenas a nova edição dessa obra, a qual não contém esta citação. Seus dados bibliográficos são: DOBSON, James. *Ouse disciplinar*. Nova edição. São Paulo: Editora Vida, 1994.

- Não conseguiremos formar crianças honestas se as ensinarmos a mentir para o cobrador ao telefone, dizendo: "Papai não está".

Nessas questões, nossos meninos e meninas percebem instantaneamente a distância que há entre o que dizemos e o que fazemos. Por isso, entre as duas escolhas, eles geralmente se identificam com o nosso comportamento e esquecem nossas proclamações vazias.

2. *As atitudes favoráveis que devem ser ensinadas, na maioria, são na realidade diretamente decorrentes da ética judaico-cristã.* Estas incluem honestidade, respeito, bondade, amor, dignidade humana, obediência, responsabilidade e reverência.

Como são esses princípios da Antiguidade transmitidos à nova geração? A resposta foi antecipada por Moisés quando escreveu no livro de Deuteronômio há quatro mil anos:

> *Tu as inculcarás* [as instruções dadas por Deus] *a teus filhos, e delas falarás assentado em tua casa, e andando pelo caminho, e ao deitar-te e ao levantar-te. Também as atarás como sinal na tua mão e te serão por frontal entre os teus olhos. E as escreverás nos umbrais de tua casa e nas tuas portas* (Dt 6.7-9).

Em outras palavras, não podemos ensinar essas atitudes durante uma breve oração de dois minutos ao lado da cama ou durante aulas formais de instrução. Devemos *vivê-las* de manhã até a noite. Elas devem ser reforçadas durante nossas

Nossos meninos e meninas percebem instantaneamente a distância que há entre **o que dizemos e o que fazemos**.

conversas ocasionais, entremeadas de ilustrações e enfatizadas por meio de demonstrações, elogios e castigos. Essa tarefa de ensinar é a atribuição *mais* importante que Deus nos deu como pais.

Tabela de atitudes

Finalmente, permita-me sugerir um esquema para ser usado com a criança impulsiva ou negativa (de seis anos ou mais), para as quais outras formas de instrução foram ineficazes. Estou me referindo especificamente àquela criança azeda, queixosa, que está tornando miserável a vida dela e a de seus familiares. Ela pode ficar emburrada durante semanas e criticar os esforços de todos que estão ao seu redor.

O problema com tal criança está em definir as mudanças que são desejadas e então reforçar o progresso quando ele ocorre. As atitudes são abstrações que uma criança de seis ou oito anos pode não compreender, e precisamos de um sistema que fixe o *alvo* em sua mente.

Com esse propósito, desenvolvi uma Tabela de Atitudes (veja a ilustração) que traduz esses maneirismos sutis em termos matemáticos concretos. *Observe:* o sistema descrito a seguir não é somente apropriado para a criança que apenas teve um dia ruim, que revela um dissabor temporário associado com doença, fadiga ou circunstâncias ambientais. É, antes, um *instrumento terapêutico* para ajudar a mudar atitudes persistentemente negativas e desrespeitosas ao tornar a criança consciente de seu problema.

A Tabela de Atitudes deve ser preparada e depois reproduzida, uma vez que uma folha separada será necessária a cada dia. Marque com um X o quadrado apropriado para cada categoria e em seguida acrescente o total de pontos *ganhos* na hora de dormir.

Embora esse processo de avaliação noturna tenha a aparência de ser bastante objetivo para uma criança, é evidente que o pai ou a mãe pode influenciar o resultado (é o que chamo de *mexer* no resultado). A mãe ou o pai pode desejar que seu filho receba dezoito pontos na primeira noite, escapando por pouco da punição, mas consciente de que deve avançar no dia seguinte.

Devo enfatizar que o sistema falha desastrosamente se uma criança desobediente não recebe o merecido castigo ou se ela se esforça para melhorar, mas não recebe da família o agrado que lhe fora prometido. Esse sistema nada mais é do que um método de proporcionar recompensa e castigo às atitudes de um modo que as crianças possam compreender e lembrar.

Para a criança que não compreende totalmente o conceito de números, pode ser útil marcar os totais diários em um gráfico ou um diagrama cumulativo, tal como o ilustrado mais adiante.

TABELA DE ATITUDES

Data: ___/___

	1 Excelente	2 Boa	3 Aceitável	4 Ruim	5 Péssima
Minha atitude como mamãe					
Minha atitude como papai					
Minha atitude como irmã/irmão					
Minha atitude com amigos					
Minha atitude com o trabalho					
Minha atitude na hora de dormir					
TOTAL DE PONTOS					

PONTOS	CONSEQUÊNCIAS
6 - 9 pontos	A família vai fazer alguma coisa divertida junto.
10 - 18 pontos	Nada vai acontecer, bom ou ruim.
19 - 20 pontos	Tenho de ficar no meu quarto por uma hora.
21 - 22 pontos	Vou levar uma palmada.
23 ou mais	Vou levar duas palmadas.

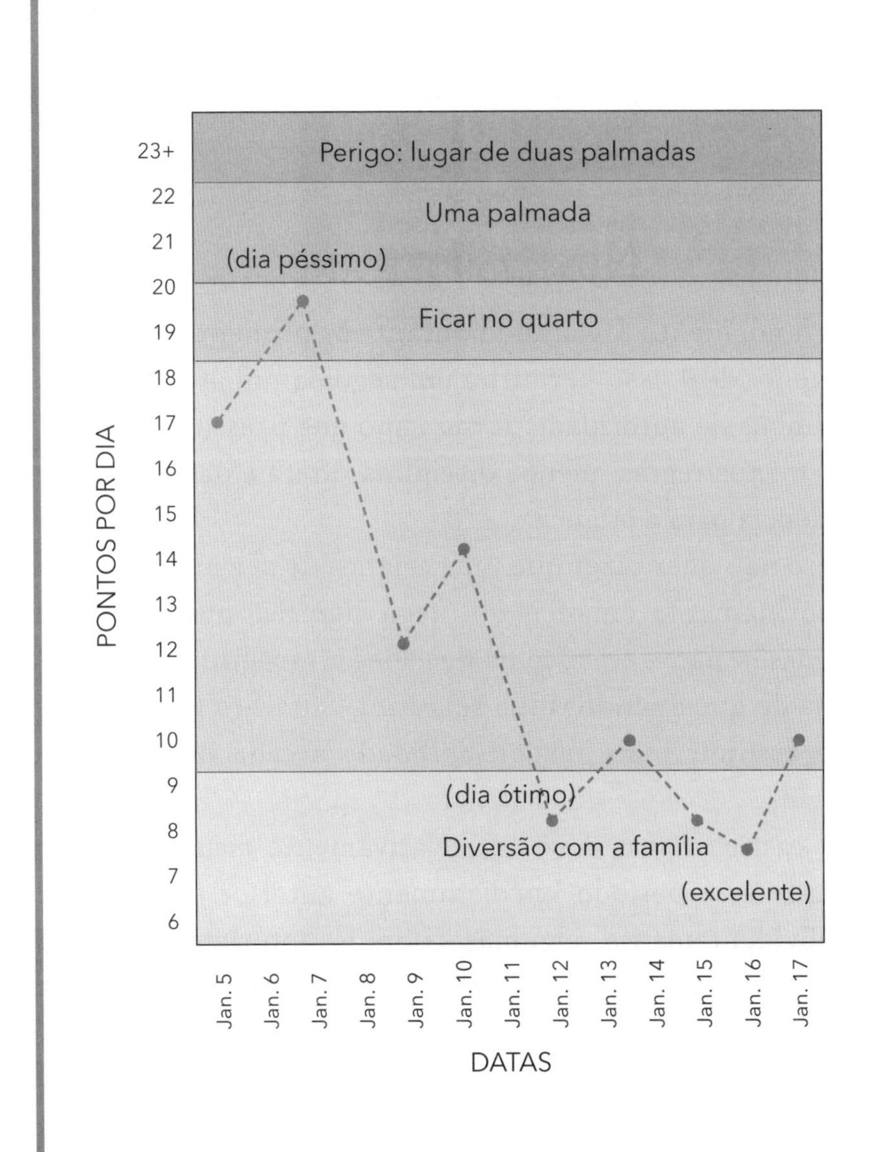
23+
22
21
20
19
18
17
16
15
14
13
12
11
10
9
8
7
6
Perigo: lugar de duas palmadas
Uma palmada
(dia péssimo)
Ficar no quarto
(dia ótimo)
Diversão com a família
(excelente)
PONTOS POR DIA
Jan. 5
Jan. 6
Jan. 7
Jan. 8
Jan. 9
Jan. 10
Jan. 11
Jan. 12
Jan. 13
Jan. 14
Jan. 15
Jan. 16
Jan. 17
DATAS

Não espero que todos apreciem esse sistema ou o apliquem em seu lar. Na realidade, pais de crianças submissas e felizes ficarão confusos sobre por que isso é necessário em seu caso. Por outro lado, as mães e os pais de crianças birrentas e mal-humoradas entenderão mais depressa. Use ou dispense essa técnica à medida que a situação justificar.

Nove a doze anos

Se o fundamento foi lançado durante os primeiros nove anos de modo ideal, isso permitirá em seguida um afrouxamento das linhas de autoridade. A cada ano que passa, deve-se utilizar menos regras, menos disciplina direta e dar mais independência para a criança.

Isso não quer dizer que uma criança de dez anos se torna repentinamente emancipada. Isso significa que ela tem a permissão para tomar mais decisões a respeito de sua vida diária do que quando tinha seis anos. Significa também que deve assumir mais responsabilidade a cada novo ano de sua vida.

O castigo físico deve ser relativamente *menos frequente* durante esse período imediatamente anterior à adolescência. Evidentemente, algumas crianças notoriamente rebeldes requerem correção, e seus desejos devem ser satisfeitos. Contudo, a criança submissa deve ter experimentado seu último episódio de disciplina física no final de sua primeira década de vida (ou até mesmo quatro anos antes disso). O objetivo geral durante o período da pré-adolescência é ensinar à criança que suas ações têm consequências inevitáveis. Um dos infortúnios mais sérios em uma sociedade tolerante é a deficiência de associar estes dois fatores: comportamento e consequência.

- Uma criança de três anos grita insultos à sua mãe, mas a mamãe fica confusa piscando os olhos.
- Uma criança do primeiro ano do ensino fundamental lança um ataque à sua professora, mas a escola faz concessões, por causa da sua idade e não toma nenhuma atitude.
- Uma criança de dez anos é apanhada furtando doce em uma loja, mas é liberada em consideração aos seus pais.
- Um adolescente de quinze anos furtivamente pega a chave do carro da família, mas seu pai paga a multa quando ele é detido.
- Um outro de dezessete anos dirige seu carro como um louco, e seus pais pagam os consertos quando ele tenta derrubar um poste.

Veja, durante toda a infância os pais amorosos parecem determinados a atravessar o caminho entre o comportamento e as consequências, quebrando a conexão e impedindo a valiosa lição que poderia ter sido dada.

Assim, é possível a um jovem ou a uma jovem entrar na vida adulta não sabendo, na realidade, que a vida é dura e inclemente, que toda ação que praticamos afeta diretamente nosso futuro, que o comportamento irresponsável produz, no final, tristeza e sofrimento. Tal pessoa apresenta-se em seu primeiro emprego e chega atrasada ao trabalho três vezes durante a primeira semana; então, quando é despedida sob uma rajada de palavras nada amistosas, ela fica amarga e frustrada. Foi a primeira vez em sua vida que mamãe e papai não puderam vir correndo para salvá-la de suas desagradáveis consequências. (Infelizmente, muitos pais ainda procuram tirar seus filhos crescidos de apuros, mesmo que eles já estejam na faixa dos vinte anos e vivam fora de casa.)

Qual é o resultado? Essa superproteção produz problemas emocionais que frequentemente desenvolvem características duradouras de dependência e uma espécie de adolescência perpétua.

Como associar o comportamento às consequências? Dispondo-se a deixar que o filho experimente uma razoável dose de sofrimento quando se comporta irresponsavelmente. Quando seu filho perde o ônibus escolar por sua própria displicência, deixe que ele caminhe dois ou três quilômetros para chegar à escola na metade da manhã (a menos que fatores de segurança impeçam isso). Se sua filha descuidadamente perde o dinheiro para o almoço, que fique sem o almoço.

Evidentemente, é possível levar esse princípio longe demais, sendo áspero e inflexível com uma criança imatura. Contudo, a melhor tática é esperar que meninos e meninas *assumam a responsabilidade apropriada à sua idade*, e uma vez ou outra provem o fruto amargo que a irresponsabilidade proporciona.

Há ainda muita coisa a ser dita sobre esse período do final da infância, mas as limitações de tempo e espaço me obrigam a continuar com o que pretendo escrever. Concluindo, o período entre dez e onze anos muitas vezes representa um momento final de grande intimidade e amor entre pais e filhos. Desfrute-o ao máximo, pois, creia-me, há mais dias turbulentos à vista!

Alguns gramas de prevenção ainda funcionam

Recentemente viajei acompanhado por minha esposa, Shirley, para fazer uma palestra, o que nos obrigou a deixar nossos dois filhos com seus avós maternos durante uma semana. Os pais de minha esposa são pessoas maravilhosas e amam verdadeiramente Danae e Ryan. Entretanto, dois diabinhos saltitantes, irrequietos, zombeteiros estraçalham os nervos de *qualquer* adulto, especialmente daqueles que se aproximam da idade da aposentadoria.

Quando voltamos da viagem, perguntei a meu sogro como se comportaram as crianças e se elas causaram ou não algum problema. Ele respondeu: "Oh, não! São bons garotos. Mas uma coisa é importante: você deve mantê-los fora, ao ar livre".

Esse foi provavelmente o melhor conselho disciplinar que já recebi. Muitos problemas de comportamento podem ser evitados ao simplesmente se evitar as circunstâncias que os causam. Especialmente para meninos e meninas que crescem em nossas cidades congestionadas, talvez o que mais precisamos fazer é mantê-los fora, ao ar livre. Isso não é uma má ideia.

O espírito FRÁGIL de seu filho

Há perigos implícitos no que tenho afirmado sobre a disciplina da criança voluntariosa. O leitor pode admitir que vejo as crianças como vilões e os pais como sujeitos reconhecidamente bons. Minha maior preocupação é que cheguem à conclusão de que estou recomendando um esquema rígido, áspero e opressivo para a disciplina no lar. Essas afirmações não chegam nem perto de ser verdadeiras.

No entanto, vejo crianças pequenas (mesmo aquelas que desafiam a autoridade) como criaturinhas vulneráveis que precisam de baldes de amor e ternura em cada dia de sua vida. Uma de minhas grandes frustrações ao ensinar os pais tem sido a dificuldade de transmitir a ideia de um ambiente *equilibrado*, dentro do qual a disciplina seja presente quando necessária, mas esteja associada à paciência, ao respeito e ao afeto. Que jamais se diga que recomendo como forma de autoritarismo o *tapa na boca* da criança.

Esse modo hostil não somente machuca o espírito, mas também afeta a dentição.

Crianças vítimas da violência

Nenhum assunto me abate mais do que o fenômeno da violência contra a criança, tão comum atualmente no mundo inteiro. Há crianças por todos os Estados Unidos, mesmo enquanto estou escrevendo, que estão sofrendo infortúnios indizíveis nas mãos de seus pais. Algumas dessas pobres criancinhas são trazidas ao nosso hospital em todas as condições imagináveis. Elas têm sido queimadas, pisadas, quebradas e sua pequena mente deformada permanentemente em razão das horríveis circunstâncias que encontram ao nascer.

Todo profissional que trabalha com crianças feridas tem que aprender a lutar com sua própria empatia. Tenho conseguido uma boa dose de controle sobre minhas próprias emoções, mas nunca fui capaz de observar uma criança machucada sem sentir uma grande agonia em meu peito.

As crianças doentes sofrem, mas a maior parte delas experimenta em alguma medida o amor dos pais que a cercam e confortam, mas as crianças agredidas sofrem física e emocionalmente. Ninguém se importa com elas. Ninguém as compreende. Não há ninguém a quem suas ansiedades possam ser expressas. Elas não podem fugir. Elas não podem explicar porque são odiadas. Além disso, muitas delas são muito pequenas para criar mecanismos de defesa ou mesmo apelar por ajuda.

Há algum tempo, tratei de uma menina de oito anos que tinha sido violentada sexualmente repetidas vezes por seu pai alcoólatra desde os quinze meses de idade. Que imensurável tragédia! Outra criança em Los Angeles ficou cega porque sua mãe destruiu seus olhos com uma lâmina de barbear. Você pode se imaginar passando pela vida sabendo que sua deficiência resultou de um ato proposital de sua própria mãe? Outra criança pequena em nossa cidade foi empurrada para fora do carro em uma autoestrada de trânsito pesado e deixada agarrada na cerca de aço divisória de pistas por oito ou nove horas. Os pés de outra criança foram comprimidos, como castigo, contra o ferro quente.

Recentemente, um programa de notícias do rádio, ligado pelo sistema de comunicação interna de meu escritório, relatou a descoberta de uma menina de dez anos pendurada pelos calcanhares na garagem de seus pais. Essas histórias de horror são bem familiares para aqueles que trabalham com crianças. Na realidade, é altamente provável que alguma criança, em um raio de dois ou três quilômetros de sua casa, esteja sofrendo alguma forma de violência destrutiva.

Evitando as más interpretações

A última coisa que desejo fazer sobre a terra é levar pais a uma racionalização e uma justificação para tal opressão paterna. Permita-me dizê-lo novamente: não acredito em disciplina severa, inflexível, mesmo quando bem-intencionada. Deve-se dar às crianças espaço para respirar, crescer e amar. Contudo, há também circunstâncias ameaçadoras da tolerância na

"A **violência** contra a criança [...] uma vez imaginada ser primariamente um problema do pobre e oprimido [...] ocorre em **todos os segmentos da sociedade** e pode ser a causa principal de morte infantil no país."

BRIAN G. FRASER,

advogado do Centro Nacional para Tratamento e Prevenção da Violência e Negligência Contra a Criança nos EUA extremidade oposta do espectro, e muitos pais caem em uma armadilha na zelosa tentativa de evitar a outra.

Esses duplos perigos foram expostos de forma interessante por Margherite e Willard Beecher, em seu livro *Parents on the run*:

> O lar centrado no adulto do passado tornou os pais senhores e os filhos, seus escravos. O lar centrado na criança de hoje tornou os pais escravos e os filhos, senhores. Não há verdadeira cooperação em qualquer relacionamento senhor-escravo, portanto nenhuma democracia. Nem a técnica restritiva-autoritária de criar os filhos nem a mais recente técnica de completa liberdade desenvolvem o gênio dentro do indivíduo, porque nenhuma delas o prepara para ser autoconfiante [...].
>
> Os filhos criados debaixo de regras arbitrárias tornam-se ou autômatos sem força moral ou revolucionários amargos que consomem sua vida em conflito com os que estão em torno deles. No entanto, os filhos que não conhecem nenhuma lei mais alta do que suas fantasias transitórias tornam-se prisioneiros de seus próprios apetites. Em ambos os casos, eles são escravos. Os primeiros são escravizados por líderes de quem dependem para que se lhes diga o que fazer, e os últimos são escravizados pelo dono da casa de penhores. Nenhum deles é capaz de manter a sociedade sobre qualquer base decente. Toda uma vida de infelicidade pode ser evitada se o broto estiver levantado de modo que a árvore não se incline para nenhuma dessas direções equivocadas.[1]

[1]BEECHER, Marguerite e Willard. *Parents on the run: a commonsense book for todav's parents*. New York: Crown Publishers, 1955, p. 6-8.

Como, porém, isso pode ser realizado em benefício de nossos filhos? Como os pais podem traçar uma trajetória entre as desagradáveis alternativas da tolerância e da opressão? Que filosofia vai guiar nossos esforços?

A VONTADE CONTRA O ESPÍRITO

Nosso objetivo não é apenas moldar a vontade da criança, como foi exposto nos capítulos anteriores, *mas fazer isso sem abater seu espírito*. Para realizar esse propósito, devemos compreender a diferença entre a vontade e o espírito (ou ânimo).

Como já afirmei, a *vontade* da criança é uma força poderosa na personalidade humana. É um dos poucos componentes intelectuais que atingem sua força máxima no momento do parto. Em uma edição, a revista *Psychology Today* revelou os resultados da pesquisa de um estudo sobre esse tópico na infância: "Um bebê sabe quem ele é antes de ter uma forma de expressão para dizê-lo. Ele se empenha deliberadamente para ter o controle de seu ambiente, especialmente de seus pais". Esta descoberta científica não traz nenhuma revelação nova aos pais de uma criança de vontade determinada. Eles caminharam com ela nos braços nas primeiras horas de um novo dia, ouvindo o minúsculo ditador tornando incisivamente claras suas necessidades e desejos.

Mais tarde, um pirralho desafiador pode tornar-se tão raivoso que é capaz de prender a respiração até perder a consciência. Qualquer pessoa que tenha testemunhado essa explosão de confronto obstinado ficou chocada por seu poder.

Uma criança teimosa de três anos recusou-se a obedecer a uma ordem direta de sua mãe, dizendo: "Você é *apenas* minha *mãe*, sabia?"

Outra *apenas* mãe escreveu que se viu envolvida em uma confrontação semelhante com seu filho de três anos sobre alguma coisa que ela queria que ele comesse. Ele se irritou por causa da insistência dela a ponto de se recusar a comer ou beber *qualquer coisa* durante dois dias inteiros. Ele ficou fraco e apático, porém manteve firme seu propósito. A mãe ficou aflita e com sentimento de culpa, como era de esperar.

Finalmente, desesperado, o pai olhou o menino com determinação e ameaçou discipliná-lo de uma forma que ele nunca mais esqueceria, caso não jantasse. Com esse artifício, a contenda se encerrou. O garotinho cedeu. Ele começou a devorar tudo quanto suas mãos podiam alcançar e praticamente esvaziou a geladeira.

Diga-me agora, por favor, por que tão poucas autoridades admitem essa obstinação proposital? Por que elas escrevem tão pouco sobre esse assunto? Minha suposição é que o reconhecimento da imperfeição infantil não se harmonizaria adequadamente com a ideia humanista de que as crianças são uma fonte de alegria e afabilidade e mal conseguem "aprender" o significado do mal. Àqueles que têm uma visão rósea do problema, posso apenas dizer: *observem melhor!*

A vontade não é delicada e frágil. Mesmo a criança cujo espírito foi reprimido tem geralmente uma vontade de aço, fazendo dela uma ameaça a si mesma e também aos outros. Tal criança pode sentar-se à beira de uma ponte ameaçando saltar, enquanto todo o Exército, Marinha e bombeiros tentam salvar-lhe a vida.

Ao mesmo tempo, *a vontade é maleável*. Ela pode e deve ser moldada e polida não para fazer da criança um robô para nossos desejos egoístas, mas para dar-lhe a capacidade de controlar seus próprios impulsos e exercitar sua autodisciplina mais tarde na vida. Na realidade, recebemos de Deus a responsabilidade, como pais, de moldar a vontade dos filhos, da maneira que expus no capítulo anterior.

Por outro lado (e permita-me dar a este parágrafo a ênfase mais forte possível), *o espírito de uma criança é um milhão de vezes mais vulnerável do que sua vontade*. É uma flor delicada que pode ser esmagada e quebrada muito facilmente, mesmo sem intenção. O espírito, como o defini, relaciona-se à autoestima e ao valor pessoal que uma criança sente. É a característica mais frágil da natureza humana, sendo particularmente vulnerável à rejeição, ao ridículo e ao fracasso.

Como, então, devemos moldar a vontade e ao mesmo tempo preservar o espírito intacto? Isso se consegue estabelecendo-se limites razoáveis e inculcando-os com amor, mas evitando qualquer implicação de que a criança é indesejável, desnecessária, tola, feia, imbecil, um fardo, um estorvo ou um erro desastroso. Qualquer acusação que agrida o valor de uma criança dessa forma poderá custar muito. São afirmações como: "Você é tão estúpido!" Ou: "Por que você não tira notas decentes na escola como sua irmã?" Ou: "Você é irritante desde o dia em que nasceu!"

O problema com Billy

A seguinte carta me foi enviada por uma mãe de três filhos e ilustra exatamente o oposto dos princípios que estou expondo. Acredito que ela será útil para avaliar as frustrações dessa mãe e as causas prováveis de sua incapacidade de controlar Billy, seu filho hostil. (Nota: alguns detalhes dessa carta foram alterados para ocultar a identidade da autora.)

> Prezado dr. Dobson:
>
> Mais do que qualquer coisa neste mundo, desejo ter uma família feliz. Temos duas meninas, uma de três anos e outra de cinco, e um menino de dez. Eles não se entendem de modo algum. O menino e seu pai também não combinam. Eu estou sempre gritando com meus filhos e repreendendo meu filho para impedir que ele bata e dê pontapés em suas irmãs. Sua professora do ano passado achava que ele precisava aprender melhores modos de se relacionar bem com seus colegas de classe. Ele teve alguns problemas no pátio no horário do recreio e tinha um comportamento horrível no ônibus escolar. Ele parecia incapaz de caminhar do ônibus até nossa casa sem se envolver em uma briga ou atirar pedras em alguém. Por isso geralmente eu mesma vou buscá-lo na escola.
>
> Ele é inteligente, mas escreve muito mal e detesta escrever. Ele é impulsivo e facilmente irritável (todos nós somos agora). Ele é alto e forte. Nosso pediatra diz que ele tem "tudo a seu favor". Mas Billy raramente acha qualquer coisa construtiva para fazer. Ele gosta de ver televisão, brincar na água e revolver a lama.
>
> Estamos perturbados com sua dieta, mas não podemos fazer qualquer coisa a esse respeito. Ele bebe leite e come geleia, biscoitos e torradas. No passado, ele comia muito cachorro-quente e mortadela, mas agora não mais.

Ele também é doido por chocolate e goma de mascar. Temos uma avó aqui por perto que observa que ele come essas coisas demais. Ela também lhe dá comida para bebês. Mas tampouco podemos fazer nada sobre isso.

Os professores de Billy, as crianças vizinhas e suas irmãs se queixam de que ele xinga e fala palavrões. Essa é realmente uma situação desastrosa porque estamos sempre pensando o pior a respeito dele. É raro passar um dia em que não haja alguma encrenca ou destruição. Ele tem quebrado vidraças desde a fase entre dois e três anos. Um dia, ele chegou mais cedo da escola e encontrou a casa fechada, em seguida atirou uma pedra na janela de seu quarto, quebrou-a e se arrastou para dentro. Há poucos dias, ele experimentou o cortador de vidro no espelho de nosso dormitório. Ele passa bastante tempo na casa da avó, que cuida dele. Achamos que ela é uma má influência, mas nós também somos quando estamos constantemente atormentados e aos gritos.

De todo jeito, temos o que parece ser uma situação sem esperança. Ele está ficando maior e mais forte, mas nem um pouquinho ajuizado. O que podemos fazer ou onde vamos parar?

Meu marido diz que se recusa a levar Billy a qualquer lugar novamente até que ele amadureça e "se comporte como um ser humano civilizado". Ele ameaçou colocá-lo em um reformatório. Eu não poderia fazer isso. Ele precisa de pessoas que saibam o que fazer com ele. Por favor, ajude-nos, se puder.

Sinceramente,
Sra. T

P.S.: Nossos filhos são adotivos, e não sobrou muita coisa de nosso casamento.

Trata-se de um apelo muito triste por ajuda, porque a autora da carta é sem dúvida nenhuma sincera ao reconhecer que "mais do que qualquer coisa neste mundo, desejo ter uma família feliz". Pelo tom de sua carta, entretanto, é improvável que ela *algum dia* venha a realizar seu maior desejo. Na realidade, essa necessidade específica por coexistência pacífica e harmonia tem provavelmente levado a muitos dos seus problemas com Billy. A mãe está cometendo dois erros sérios com seu filho, que estão entre os erros disciplinares mais comuns.

Por que os pais de Billy falharam

Primeiro, *os pais de Billy não tomaram nenhuma atitude para moldar a vontade dele, embora ele estivesse pedindo por sua intervenção.* É uma coisa terrível ser nosso próprio chefe aos dez anos de idade, incapaz de encontrar ao menos um adulto que seja bastante forte para conseguir nosso respeito. Por que razão esse garoto infringe todas as regras e ataca cada imagem de autoridade? Billy travou uma guerra com sua professora na escola, mas ela estava perplexa com seu desafio. Tudo o que ela teve de fazer foi chamar sua apavorada mãe e relatar: "Billy precisa aprender melhores modos de se relacionar com seus colegas de classe". (Será que ela não se expressa de forma amena? Você pode apostar que havia algumas coisas mais fortes que ela poderia ter dito sobre o comportamento de Billy na sala de aula!)

Billy era um pirralho intolerável no ônibus escolar, brigava com seus colegas a caminho de casa, quebrava vidraças, cortava espelhos, usava linguagem suja e atormentava suas irmãs. Ele escolheu a pior dieta possível e se recusava a completar suas tarefas escolares ou aceitar qualquer forma de responsabilidade. Não há qualquer dúvida de que Billy estava gritando: "Vejam! Estou fazendo tudo errado! Alguém não me ama o bastante para se importar comigo? Não há alguém para me ajudar?! Odeio o mundo, e o mundo me odeia!"

Contudo, a única resposta da sra. T à obstinação de Billy tem sido a de total frustração e angústia. Ela se vê "gritando com os filhos" e "repreendendo" seu filho quando ele se comporta mal. Billy é impulsivo e facilmente irritável, mas a sra. T admite que "todos nós somos agora". Tanto ela como seu marido acham que a avó é uma má influência, "mas nós também somos quando estamos constantemente atormentados e aos gritos". Veja que o único "instrumento" de controle dela é a ira, a intensa lamentação e a choradeira. Não há um modo mais ineficaz de tratar o encaminhamento disciplinar da criança do que esse espetáculo de emoção vulcânica, como veremos no capítulo seguinte.

De forma clara, a sra. T e seu marido abdicaram de suas responsabilidades de proporcionar *liderança* à sua família. Note quantas vezes ela diz, em essência, que *somos impotentes para agir*. Esses pais estão aflitos por causa da dieta pobre de Billy, "mas não podemos fazer qualquer coisa a esse respeito". A avó de Billy oferece-lhe comidas sem valor nutritivo e goma de mascar, mas "tampouco podemos fazer nada sobre isso". De igual modo, eles não podem impedi-lo de dizer palavrões, de atormentar suas irmãs, de quebrar vidros ou de atirar pedras em seus semelhantes.

Nós, que observamos, devemos ficar intrigados quanto a por que eles não podem controlá-lo? Por que o barco dessa família é tão difícil de pilotar? Por que ele está propenso a arremeter contra as rochas e ficar em pedaços ou encalhar em um banco de areia?

O problema está no fato de o barco não ter nenhum comandante! Ele está à deriva por causa da ausência de um líder, um responsável para tomar decisões, uma autoridade que possa guiá-lo a águas mais seguras.

Agora, por favor, observe este segundo erro: *em vez de moldar a vontade agressiva de Billy, como ele necessitava desesperadamente, seus pais dirigiram seus esforços disciplinares a seu espírito danificado.*

Não somente eles gritaram, choraram e contorceram as mãos em desespero, mas suas frustrações causaram os ataques pessoais e a rejeição hostil. Você pode até ouvir seu zangado pai gritando: "Por que você não se desenvolve e age como um ser humano civilizado, em vez de um fedelho intolerável? Bem, vou dizer-lhe algo! Para mim, chega! Nunca mais vou levar você outra vez a qualquer lugar, nem vou permitir que alguém saiba que você é meu filho. Na verdade, não estou certo de que você vai *ser* meu filho por muito tempo. Se você continuar agindo como um selvagem sem lei, vamos expulsar você desta família, vamos colocar você em um reformatório. Então veremos como você vai gostar!"

A cada acusação, a autoestima de Billy descia mais um grau. Será que essas investidas pessoais poderiam torná-lo mais brando ou mais cooperativo? Claro que não! Ele apenas se tornou mais desprezível, mais amargo e mais convencido de sua própria indignidade.

Observe que o espírito de Billy tinha sido esmagado, mas sua vontade enfureceu-se ainda mais com a força de um furacão. Infelizmente ele é o tipo de indivíduo que, à medida que se torna mais velho, geralmente lança o ódio de si mesmo sobre vítimas inocentes fora de sua família.

Como lidar com Billy

Se as circunstâncias permitissem, seria para mim um prazer ter Billy em nosso lar por algum tempo. Não é muito tarde para salvá-lo, e eu me sentiria desafiado pela oportunidade de tentar.

Como eu me aproximaria desse garoto hostil? Dando-lhe a seguinte mensagem logo que sua mala fosse esvaziada: "Billy, há várias coisas sobre as quais quero falar com você, agora que você é um membro de nossa família.

"Primeiro, você logo perceberá quanto amamos você nesta casa. Estou contente de tê-lo aqui e espero que esses sejam os dias mais felizes de sua vida. Você deve saber que eu me interesso por seus sentimentos, problemas e preocupações. Convidamos você a vir aqui porque queríamos que visse que receberá o mesmo amor e respeito que nossos próprios filhos recebem.

"Se você tiver alguma coisa a me dizer, pode vir diretamente e dizer. Não vou ficar zangado ou fazer você ficar arrependido por se expressar. Nem minha esposa nem eu vamos fazer qualquer coisa intencionalmente para magoar você ou tratá-lo grosseiramente. Você verá que estas não são apenas promessas vazias que você está ouvindo. Esse é o modo como as pessoas agem quando amam umas às outras, e nós já amamos você.

"Contudo, Billy, há algumas outras coisas que você também deve compreender. Deverá haver algumas regras definidas e modos aceitáveis de se comportar neste lar, e você terá de viver dentro desses limites, exatamente como fazem nossos outros filhos. Você terá sua cota de responsabilidades e afazeres, seu trabalho escolar terá alta prioridade todas as tardes.

"Você precisará compreender, Billy, que minha função mais importante como seu protetor é ver que você se comporta de uma forma que seja saudável para você e para os outros. Vai levar uma semana ou duas para você se ajustar a essa nova situação, mas você vai fazer isso e vou estar aqui para ajudá-lo. Quando você se recusar a obedecer, vou puni-lo imediatamente. Isso vai ajudá-lo a mudar alguns dos modos prejudiciais e destrutivos que você aprendeu com seu comportamento. No entanto, mesmo quando eu tiver que disciplinar você, vou amá-lo tanto quanto o amo agora."

A primeira vez que Billy desobedecesse ao que ele sabia serem minhas instruções definidas, eu reagiria decisivamente. Não haveria gritos, nem acusações ofensivas, embora ele logo soubesse que me dispus a fazer o que tinha dito. Ele provavelmente seria disciplinado de maneira firme e amorosa e iria para a cama uma ou duas horas mais cedo. Na manhã seguinte, discutiríamos o assunto racionalmente, confirmando-lhe nosso contínuo amor, e então recomeçaríamos. Muitas crianças delinquentes respondem muito bem a essa sucessão de dois golpes seguidos: de amor e de firme disciplina. É uma combinação imbatível!

Manual de Deus para educar crianças

Nosso propósito educativo é moldar a vontade da criança sem quebrantar seu espírito. Este duplo objetivo é delineado para nós por meio das Escrituras, sendo especificamente afirmado em duas importantes referências.

- Moldar a vontade:

  e que governe bem a sua própria casa, criando os filhos sob disciplina, com todo respeito (1Tm 3.4).

- Preservar o espírito:

  E vós, pais, não provoqueis, vossos filhos à ira, mas criai-os na disciplina e na admoestação do Senhor... (Ef 6.4).

O ERRO comum e como EVITÁ-LO

O erro mais comum no exercício de disciplinar os filhos, talvez o de piores consequências, é o *uso impróprio da ira* na tentativa de controlar meninos e meninas.

Não existe nenhum método mais ineficiente de guiar os seres humanos (de todas as idades) do que o uso da irritação e da ira. Apesar disso, *a maioria* dos adultos confia principalmente em sua própria reação emocional para estar segura da cooperação dos filhos.

Um professor disse em um programa nacional de televisão: "Gosto de ser um educador profissional, mas odeio a incumbência diária de ensinar. Meus alunos são tão indisciplinados que tenho de me enfurecer com eles o tempo todo para poder controlar a sala de aula". Quão frustrante é ter de ser ofensivo e irado como parte de uma obrigação rotineira, ano após ano.

Entretanto, muitos professores (e pais) não conhecem outro meio de liderar as crianças. Acredite, esse meio é exaustivo e não funciona!

Considere seu *próprio* sistema de motivação. Suponha que você está dirigindo seu automóvel para casa, depois do trabalho à tarde, e ultrapassa o limite de velocidade de 60 km/h. Parado na esquina de uma rua, está um policial solitário que não tem os meios para pará-lo. Ele não dispõe de carro ou motocicleta do pelotão policial, não usa o distintivo, não tem um revólver e não pode multar. Tudo o que ele foi autorizado a fazer é permanecer no meio-fio e gritar insultos quando você passa acima da velocidade. Você vai diminuir a velocidade apenas por que ele agitou o punho cerrado em protesto? Claro que não! Você pode acenar para ele enquanto dispara com seu carro. A raiva do policial consegue pouco, exceto fazer com que ele pareça cômico e tolo.

Por outro lado, nada influencia mais o modo do sr. Motorista dirigir do que notar ocasionalmente pelo espelho retrovisor um veículo branco e preto em feroz perseguição com 19 lâmpadas vermelhas piscando. Quando seu carro é levado a parar, um patrulheiro digno e cortês se aproxima da janela do carro. Ele tem mais de dois metros de altura, voz de barítono e carrega de ambos os lados da cintura pistolas de cano curto. "Cavalheiro", diz ele com firmeza, porém polidamente, "nossa unidade de radar indica que o senhor estava dirigindo a 105 km/h em uma área com limite de 40 km/h. Posso ver seus documentos e os do carro, por favor?" Ele abre seu bloco de multas e inclina-se em sua direção.

Ele não demonstrou nenhuma hostilidade e não faz qualquer crítica, entretanto você imediatamente fica reduzido a pó.

Você manuseia sua carteira desajeitada e nervosamente, tentando localizar o documento. Por que suas mãos umedecem e sua boca seca? Por que seu coração está batendo em sua garganta? Porque o andamento da *ação* que o homem da lei está para tomar é notoriamente desagradável. Que chato! É a *ação* dele que afeta dramaticamente seus hábitos futuros de dirigir.

Por que a raiva não funciona

A ação disciplinar influencia o comportamento, mas a raiva não. Na verdade, estou convencido de que a raiva do adulto produz um tipo destrutivo de desrespeito na mente de nossos filhos. Eles percebem que nossa frustração é causada por nossa falta de habilidade para controlar a situação. Representamos para eles a justiça e, no entanto, estamos a ponto de derramar lágrimas à medida que agitamos as mãos no ar e gritamos ameaças e advertências vazias.

Permita-me perguntar: *você* respeitaria um juiz da suprema corte que se comportasse emocionalmente ao aplicar a justiça?

Certamente não. Eis a razão por que o sistema judiciário é cuidadosamente controlado para parecer objetivo, racional e honrado.

Não estou recomendando que os pais e professores escondam de seus filhos suas legítimas emoções. Não estou sugerindo que sejamos robôs brandos e indiferentes que guardam todas as coisas em seu interior. Há momentos em que nossos meninos e meninas se tornam insolentes e desobedientes, e nossa irritação é inteiramente apropriada. Na realidade, ela *deve* ser demonstrada, ou então pareceremos falsos e irreais.

Minha opinião é simplesmente que a raiva frequentemente se torna um *instrumento* usado conscientemente com o propósito de influenciar o comportamento. Mas ela é ineficaz e pode prejudicar o relacionamento entre as gerações.

A HISTÓRIA DE HENRIQUE

Vamos observar uma ilustração específica que pode representar qualquer lar. Henrique está na segunda série do primeiro grau e chega em casa vindo da escola em um redemoinho de atividades. Ele esteve ativo e risonho desde que acordou nesta manhã, mas, por incrível que pareça, ele ainda tem excesso de energia para queimar. Sua mãe, sra. Lúcia, não está na mesma condição. Ela está em pé desde que saiu cambaleante da cama, às 6h30 da manhã. Preparou o café da manhã para a família, limpou toda a sujeira, despediu o marido para o trabalho e mandou Henrique para a escola. A partir daí, mergulhou na rotina de um longo dia tentando evitar que seus gêmeos de menos de três anos se matassem. Quando Henrique volta da escola, ela já consumiu oito horas trabalhando sem descansar. (Crianças pequenas não têm intervalo. Por que as mães deveriam ter?)

Apesar do cansaço, o serviço da mãe ainda não terminou. Ela ainda tem pelo menos seis horas de trabalho pela frente, incluindo fazer compras no mercado, preparar a comida do jantar, lavar os pratos, dar banho nos gêmeos, trocar suas fraldas, colocá-los na cama, ajudar Henrique em seu dever de casa, acompanhá-lo em suas orações, escovar seus dentes, ler uma história para ele, dizer boa noite e depois levar para ele quatro copos de água durante apenas 45 minutos. Sinto-me deprimido só em pensar na exausta sra. Lúcia e seus deveres domésticos.

Henrique não é tão benevolente e chega em casa com uma disposição decididamente perniciosa. Ele não consegue achar nada interessante para fazer, por isso começa a irritar sua mãe apreensiva. Importuna um dos gêmeos até provocar lágrimas, puxa o rabo do gato e derrama a água do cachorro.

A essa altura, a mãe está resmungando, mas Henrique age como se não estivesse ouvindo. Em seguida, ele vai ao quarto de brinquedos e começa a atirar jogos e caixas de brinquedos de plástico. A mãe sabe que alguém vai ter de pôr em ordem toda aquela confusão, e ela tem uma vaga ideia de quem fará essa tarefa. A intensidade de sua voz está se elevando de novo. Ela ordena ao filho que vá ao banheiro para lavar as mãos antes do jantar. Henrique some por uns quinze minutos e, quando retorna, suas mãos ainda estão sujas. Naquele momento, o pulso da mãe está batendo forte através de suas veias, e ela sente algo semelhante à dor de enxaqueca logo acima de seu olho esquerdo.

Finalmente o dia chega ao fim, e é hora da última responsabilidade: colocar Henrique na cama. Ele, porém, não *quer* ir para a cama e sabe que vai fazer sua atormentada mãe esperar pelo menos 30 minutos para ir dormir. Henrique não faz nada *que seja* contra seus próprios desejos, a menos que sua mãe se torne muito brava e acabe *explodindo*. A sra. Lúcia inicia o processo emocional de forçar seu filho relutante a tomar banho e preparar-se para dormir. O trecho da história abaixo faz parte do meu livro *Ouse disciplinar*. Vou citar parte daquela narrativa aqui:

Henrique está sentado no chão, brincando com seus joguinhos. Mamãe olha para o relógio de pulso e diz: "Henrique, já são quase nove horas (um exagero de 30 minutos), por isso junte seus brinquedos e vá tomar banho". Ora, tanto Henrique quanto mamãe sabem que ela não quer dizer que ele vá *imediatamente* tomar banho. Ela apenas deseja que ele comece a *pensar* sobre o banho. Ela teria caído para trás se ele tivesse atendido à sua ordem vazia.

Aproximadamente dez minutos depois, mamãe fala de novo: "Ora, Henrique, está ficando tarde e você tem escola amanhã; quero esses brinquedos catados e depois quero você naquela banheira!" Ela ainda não pretende que Henrique obedeça, e ele sabe disso. A verdadeira mensagem é: "Estamos chegando mais perto, Riquinho". Henrique se remexe um pouco e empilha uma ou duas caixas para mostrar que a ouviu. Então ele se ajeita para uns minutos mais de brincadeira.

Seis minutos se passam e mamãe emite outra ordem, dessa vez com mais paixão e ameaça na voz: "Agora, escute aqui, mocinho, já lhe disse para mexer-se e não estou brincando!" Para Henrique, isso significa que ele precisa guardar os brinquedos e se mexer rumo à porta do banheiro. Se a mãe o seguir rapidamente, então ele precisará desempenhar a tarefa a toda pressa. Entretanto, se os pensamentos da mãe vaguearem antes que ela dê o último passo nesse ritual, ou se o telefone tocar milagrosamente, Henrique estará livre para desfrutar uma moratória de alguns minutos.

Sabe, Henrique e a mãe estão envolvidos em conhecida peça de ato único. Ambos conhecem as regras e o papel sendo desempenhado pelo outro autor. Toda cena é pré-programada, computadorizada e roteirizada. Na realidade, é o *replay* de uma cena que ocorre noite após noite. Sempre que mamãe quer que Henrique faça algo que ele não gosta, ela ameaça com calma, terminando com forte rubor e ameaças. Henrique não precisa se mexer enquanto ela não alcança o ponto de ebulição.

Como é tolo esse jogo. Já que a mamãe controla o Riquinho com ameaças vazias, precisa permanecer meio irritada o tempo todo. Seu relacionamento com os filhos fica contaminado, e ela termina cada dia com uma dor de cabeça latejante acima do olho esquerdo. Ela nunca pode contar com a obediência instantânea, porque leva pelo menos vinte minutos para chegar a um grau de raiva digno de crédito.

Quão melhor é usar a *ação* para conseguir o resultado desejado. Há centenas de maneiras que trarão a reação desejada, algumas das quais envolvem leve dor, enquanto outras oferecem uma recompensa à criança. O uso de recompensa ou "esforços positivos" é discutido no próximo capítulo, portanto não será apresentado aqui. Mas uma dorzinha ou "reforço negativo" também pode fornecer excelente motivação à criança.

Quando o calmo pedido de obediência de um pai é ignorado pela criança, mamãe e papai devem ter algum meio de fazer com que seu rebento queira cooperar. Para aqueles que não conseguem pensar em nenhum recurso desse tipo, sugiro um: é o músculo que repousa confortavelmente contra a base do pescoço. Os livros de anatomia o citam como músculo trapézio, o qual, quando apertado com firmeza, envia pequenos mensageiros ao cérebro, dizendo: "Isso dói; evite que isso se repita a todo custo". A dor é apenas temporária; não pode causar dano algum. Mas é um recurso espantosamente eficaz e prático para os pais quando um jovenzinho ignora uma ordem direta de mexer-se.

Voltemos à cena da hora de dormir com Henrique e deixe-me sugerir como ela poderia ser reencenada mais eficazmente. Para começar, a mãe deveria tê-lo prevenido de que tinha quinze minutos mais para brincar. Ninguém, criança ou adulto, gosta de uma interrupção súbita de sua atividade. Em seguida, teria sido bom ligar o despertador ou *timer da* cozinha. Quando os quinze minutos se passassem e o alarme tocasse, a mamãe deveria ter dito suavemente a Henrique que fosse tomar banho. Se ele não se movesse imediatamente, o músculo de seu ombro poderia ter sido apertado. Se Henrique aprender que esse procedimento ou outro recurso desagradável lhe é invariavelmente aplicado, ele se mexerá antes que as consequências ocorram.

Sei que alguns de meus leitores podem argumentar que a aplicação deliberada, premeditada, de um pouco de dor a uma criança pequena é algo rude e desamoroso. Para outros, parecerá puro barbarismo. Eu obviamente discordo. Dada a escolha entre uma mãe azucrinada, a gritar e a ameaçar, explodindo diversas vezes ao dia, e uma mãe com uma reação razoável e controlada à desobediência, eu com certeza recomendaria a segunda. A longo prazo, o lar mais tranquilo é melhor para o Joãozinho também, por evitar a discórdia entre as gerações.

Por outro lado, quando um jovenzinho descobre que não há ameaça por trás dos milhões de palavras que ouve, deixa de escutá-las. As únicas mensagens às quais ele reage são as que estão perto de um pico de emoção, o que significa que há muito berreiro e gritaria ocorrendo. A criança está puxando na direção oposta, esfrangalhando os nervos da mamãe e tornando tenso o relacionamento pais-filho. Mas a limitação mais importante dessas reprimendas verbais é a de que quem a usa frequentemente precisa de qualquer forma, no fim, recorrer ao castigo físico. E provavelmente será severo porque o adulto estará irritado e descontrolado. Assim, em vez de a disciplina ser administrada de maneira calma e judiciosa, o pai ou a mãe se tornou enervado e frustrado, golpeando cegamente a criança beligerante. Não houve motivo para que uma briga tivesse ocorrido. A situação poderia ter terminado de maneira diferente se a atitude do pai ou da mãe tivesse sido de confiante serenidade.

Falando suavemente, quase agradavelmente, mamãe diz:

"Henrique, você sabe o que acontece quando não me obedece; não vejo nenhuma razão no mundo para eu ter de fazer você sofrer desconforto apenas para que coopere comigo esta noite, mas, se você insiste, participarei do seu jogo. Quando o despertador tocar, avise o que resolveu".

O filho então tem de fazer a escolha, e as vantagens de obedecer aos desejos da mãe são claras. Ela não precisa berrar. Não precisa ameaçar abreviar a vida dele. Não precisa se aborrecer. Ela está no comando. Claro que a mamãe terá de provar duas ou três vezes que aplicará a dor ou outro castigo, se necessário. Ocasionalmente ao longo dos meses vindouros, Henrique testará para ver se ela ainda está no leme. Essa pergunta é facilmente respondida.[1]

[1]DOBSON. James. *Ouse disciplinar*. Nova edição. São Paulo: Editora Vida, 1994, p. 34-37.

Diagrama de um conflito

Uma compreensão da interação entre Henrique e sua mãe pode ser muito útil para os pais que se tomaram *gritalhões* e não sabem por quê. Vamos dar uma espiada no relacionamento naquela difícil noite no gráfico adiante. Observe que a mãe recebeu Henrique bem quando ele chegou da escola. O que representa um ponto baixo de irritação. Daquele momento em diante, porém, as atitudes do filho mexeram com a sua emoção, intensificando-a até chegar o momento da explosão no final do dia.

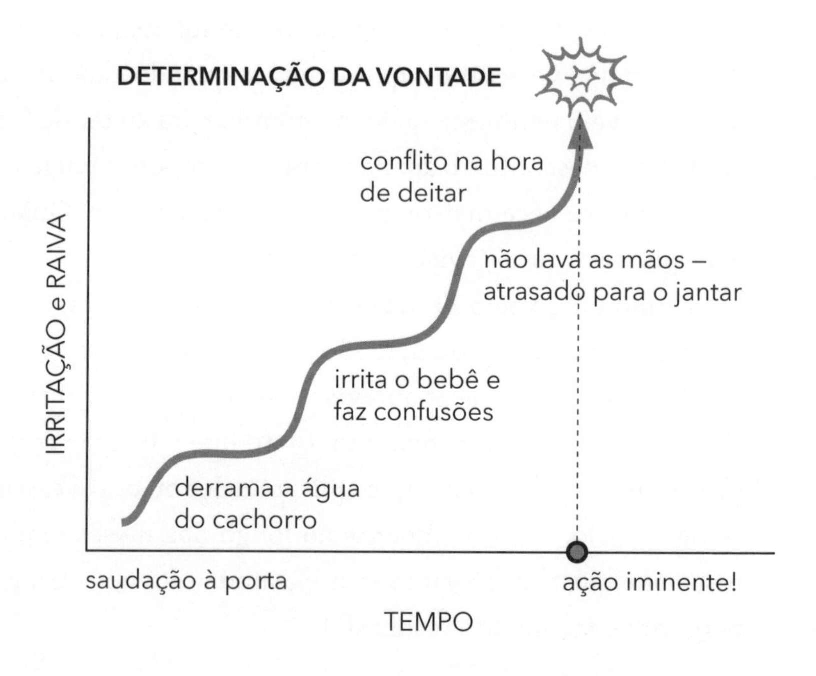

Como sua última exibição de raiva na hora de deitar, a sra. Lúcia tornou claro a Henrique que ela havia terminado com a advertência e estava agora pronta a tomar uma atitude definida. Observe que a maioria dos pais (mesmo aqueles que são muito tolerantes) tem um ponto na escala além do qual não passa. O castigo inevitável surge imediatamente quando esse ponto é atingido.

Como as crianças mostram inteligência

A coisa surpreendente sobre as crianças é que elas sabem *precisamente* onde seus pais tipicamente traçam a linha. Nós, adultos, revelamos que chegamos ao nosso ponto de ação com pelo menos uma dúzia de atitudes sutis. Somente nesses momentos é que chamamos nossos filhos pelo nome completo ("Guilherme Thornton Langford, entre na banheira!"). Nosso discurso também se torna mais *staccato* e abrupto ("Jovem! Homem! Eu! Disse! A você!"...). Nossas faces ficam vermelhas (uma pista importante). Pulamos de nossas cadeiras. Com isso, o menino sabe que é hora de cooperar.

Outra coisa interessante a respeito de crianças é que, tendo identificado as circunstâncias que precedem imediatamente a ação disciplinar, elas levam seus pais diretamente àquela barreira e se chocam contra ela repetidas vezes, mas *raramente* irão além dela deliberadamente.

Uma vez ou duas, Henrique não vai se preocupar com os fogos de artifício emocionais de sua mãe, exatamente para ver se ela tem a coragem de fazer o que prometeu. Quando essa pergunta é respondida, ele vai fazer o que ela ordena no momento exato para evitar o castigo.

A GRANDE VERDADE SOBRE A RAIVA

Agora isso nos traz ao clímax desta importante discussão. Devo admitir que o que estou para escrever é difícil de expressar e pode não ser plenamente compreendido por meus leitores. Pode, contudo, ser de grande valor para os pais que desejam parar de se desentender com seus filhos.

Tenho dito que a raiva dos pais frequentemente transmite ao filho que ele atingiu sua linha de ação. Portanto, ele obedece, ainda que com relutância, somente quando a mãe ou o pai *ficam furiosos,* indicando que agora eles vão recorrer ao castigo.

Por outro lado, os pais observam que a rendição da criança ocorre simultaneamente com sua raiva e concluem incorretamente que sua explosão emocional é o que força o filho a ceder. Assim, sua raiva parece necessária para controle no futuro. Eles interpretaram a situação pessimamente.

Voltando à história de Henrique, sua mãe lhe disse seis ou oito vezes para tomar seu banho. Somente quando ela *explodiu,* ele entrou na banheira, levando-a a crer que sua raiva causou sua obediência. Ela estava errada! Não foi sua raiva que mandou seu filho para o banho; foi a *ação*, que ele acreditou estar iminente. Sua raiva nada mais foi do que uma dica de que mamãe estava frustrada o bastante para bater em seu bumbum. Henrique *está atento* a isso!

Escrevi todo este capítulo a fim de transmitir esta única mensagem: você não *precisa* de raiva para controlar crianças. Você precisa, *isto sim*, de ação de vez em quando. Além disso, você pode aplicar a ação em qualquer lugar na linha do tempo (veja o diagrama anterior), de acordo com a conveniência. Dessa forma as crianças viverão contentes dentro daquele limite.

Na realidade, quanto mais perto a ação chega do *front* de conflito, menos castigo se requer. Um beliscão no músculo trapézio não seria suficientemente intimidador depois de duas horas de luta, ao passo que é mais do que adequado quando o conflito é mínimo. (É conveniente recomendar que mães que pesam menos de quarenta quilos não tentem apertar os músculos do ombro de seus grandes adolescentes. Há riscos envolvidos em tal procedimento. A regra geral a seguir é: "Se você não pode alcançá-lo, não o aperte".)

O MELHOR MOMENTO PARA A AÇÃO

Permita-me voltar à valiosa observação do dr. Spock, particularmente quando ela se aplica ao diagrama: "A submissão paterna (por isso ele se refere a pais que não têm *nenhuma linha de ação*, ou que começam muito tarde) não evita o desprazer; ela o torna inevitável". (Lembre-se de que você precisa tomar uma posição logo, pois uma criança é *compelida* por sua natureza a empurrar você para adiante.) A provocação da criança, portanto, "faz o pai cada vez mais ressentido, até que finalmente ele explode em uma exibição de raiva". Isso é precisamente o que venho tentando dizer nos últimos vinte anos!

Contida nessa afirmação está uma compreensão das crianças que alguns adultos captam intuitivamente, enquanto outros nunca de fato *percebem*. Ela envolve o delicado equilíbrio entre amor e controle, admitindo que uma razoável e consistente linha de ação não agride a autovalorização, mas representa uma fonte de segurança para uma criança imatura.

Os pais geralmente compreendem esse princípio melhor do que as mães, por motivos que não compreendo. Assim, é muito comum que uma mãe me diga: "Não entendo meus filhos. Eles fazem exatamente o que seu pai requer, mas não me atendem de modo algum". O comportamento de seus filhos não é mistério. Eles são suficientemente brilhantes para observar que o pai traça sua linha de ação *mais cedo* do que a mãe. Ela grita e discute, enquanto ele age em silêncio.

As crianças geralmente compreendem essas forças ainda melhor do que seus pais, que estão atolados em suas responsabilidades e preocupações adultas. Eis por que tantas crianças são capazes de vencer uma disputa de vontades; elas concentram seu esforço *principal* no jogo, ao passo que nós, adultos, jogamos somente quando precisamos.

Um pai ouviu por acaso sua filha Laura, de cinco anos, dizer à sua irmã menor que estava fazendo alguma coisa errada. "Hã-hã, vou dizer para mamãe sobre você. Não! Vou dizer ao papai. Ele é pior!" Laura tinha comparado as medidas disciplinares de seus pais e concluiu que um era mais eficaz do que o outro.

Essa mesma criança recebeu uma observação de seu pai por ter se tomado muito desobediente e rebelde. Ela estava irritando outros membros da família e procurando meios de evitar obedecer a seus pais. Seu pai resolveu não confrontá-la diretamente acerca de sua mudança de comportamento, mas castigá-la adequadamente toda vez que ela se comportasse mal, até ela se acomodar. Assim, por três ou quatro dias, ele privou Laura de tudo. Ela apanhou, ficou de castigo e foi mandada para seu quarto.

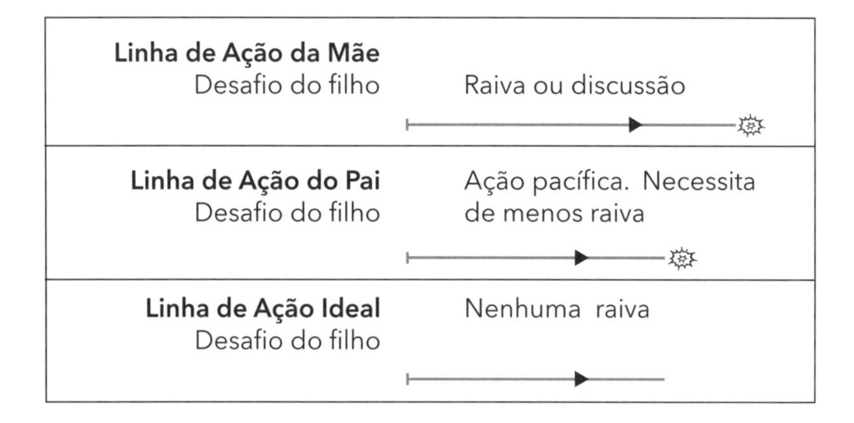

No final do quarto dia, ela estava sentada em sua cama com seu pai e a irmãzinha. Sem nenhuma provocação, Laura puxou o cabelo da irmãzinha que estava olhando um livro. Seu pai imediatamente bateu-lhe na cabeça com sua mão pesada. Laura não chorou, mas sentou-se em silêncio por alguns instantes e depois disse: "Arre! Todas as minhas artes não estão dando certo!"

Seu filho pode manipular você?

Se o leitor se recordar dos anos de sua própria infância, provavelmente se lembrará de casos semelhantes, nos quais as técnicas disciplinares dos adultos eram analisadas conscientemente e suas fraquezas, inquiridas.

Quando eu era criança, certa vez passei a noite com um amigo indisciplinado que parecia conhecer cada movimento que seus pais estavam por fazer. Earl era como um comandante de guerra que tinha decifrado o código do inimigo, permitindo-lhe manobrar com mais sucesso em cada ação do oponente. Depois que nos acomodamos, naquela noite, em nossas camas idênticas, ele me fez uma espantosa descrição do temperamento de seu pai.

Ele disse: — Quando meu pai fica muito bravo, ele usa alguns palavrões que deixariam você surpreso. (Ele citou três ou quatro exemplos alarmantes das últimas experiências.)

Respondi: — Não acredito nisso!

O sr. Walker era um homem bem alto e reservado, que parecia uma pessoa equilibrada. Eu simplesmente não podia conceber que ele usasse as palavras que Earl mencionou.

— Você quer que eu lhe prove isso? — perguntou Earl maldosamente. — Tudo o que temos de fazer é continuar rindo e conversando em vez de dormir. Meu pai virá aqui e nos dirá para ficarmos quietos várias vezes. Ele ficará mais furioso cada vez que vier nos mandar ficar quietos. Então você vai ouvir o que ele falará. Apenas espere e verá.

Eu estava um pouco incerto sobre esse plano, mas queria ver o honrado sr. Walker no auge de sua linguagem profana. Assim, Earl e eu fizemos o pobre pai ir e voltar como um ioiô por mais de uma hora. Como foi previsto, ele ficou mais enérgico e hostil cada vez que retornava ao nosso dormitório. Eu estava ficando muito nervoso e querendo parar com aquilo, mas Earl já tinha passado por tudo isso antes. Ele me dizia continuamente: — Não vai demorar muito.

Finalmente, cerca de meia-noite, aconteceu. A paciência do sr. Walker se esgotou. Ele veio trovejando pelo corredor em direção ao nosso quarto, sacudindo a casa toda com as batidas de seus pés no chão. Ele entrou descontrolado no quarto e saltou sobre a cama de Earl, sacudindo o garoto que estava seguramente aconchegado embaixo de três ou quatro cobertores.

Em seguida, saiu de sua boca uma torrente de palavras que raramente tinham chegado aos meus ouvidos antes. Fiquei chocado, mas Earl estava eufórico.

Mesmo enquanto seu pai o estava golpeando com as mãos por cima dos cobertores e gritando suas profanações, Earl ergueu-se e gritou para mim: — Você ouviu? Hã? Eu não disse? Eu disse que ele ia falar isso! — É surpreendente que o sr. Walker não tenha matado seu filho naquele momento!

Fiquei acordado naquela noite pensando no episódio e tomei a resolução de *nunca* permitir que uma criança me usasse daquela forma quando eu crescesse. Você nota quão importantes são as técnicas disciplinares para o respeito de um filho para com seus pais? Quando um fardo de vinte quilos de perturbação pode reduzir intencionalmente seus poderosos pais a uma massa trêmula e confusa de frustrações, alguma coisa muda em seu relacionamento. Algo precioso se perde. A criança desenvolve uma atitude de desprezo que certamente explodirá durante os tempestuosos anos da adolescência que virão. Desejo sinceramente que cada adulto tenha compreendido essa simples característica da natureza humana.

DOIS HOMENS QUE COMPREENDIAM AS CRIANÇAS

Perto de minha casa em Arcadia, Califórnia, há um senhor bronzeado que certamente compreende o modo de pensar das crianças. Ele possui e dirige uma escola de natação chamada *Bud Lyndon's Swim School*. O sr. Lyndon deve estar atualmente perto de seus sessenta anos de idade e tem trabalhado com crianças a maior parte de sua vida. Ele é dotado de uma extraordinária compreensão dos princípios disciplinares. Gosto de sentar-me à beira da piscina apenas para observar o homem trabalhando.

Entretanto, há poucos especialistas em desenvolvimento infantil que podem explicar por que ele é tão bem-sucedido com os pequenos nadadores em sua piscina. Ele não é brando e delicado em suas maneiras. Na realidade, ele tende a ser um tanto rude. Quando os garotos saem da linha, ele borrifa água no rosto deles e diz severamente: "Quem mandou você sair do lugar? Fique onde eu ponho você até que eu peça para você nadar!" Ele chama os meninos de "homens do amanhã" e outros nomes carinhosos. Suas aulas são bem estruturadas, e cada minuto é utilizado com um propósito. Contudo, você pode acreditar nisto: as crianças *amam* Bud Lyndon. Por quê? Porque elas sabem que ele as ama.

Dentro de sua maneira rude está uma mensagem de afeição que pode escapar ao observador adulto. O sr. Lyndon nunca desaponta uma criança intencionalmente e *protege* os mais novos que nadam com menos destreza. Ele equilibra jeitosamente sua autoridade com uma afeição sutil que atrai as crianças, professor de educação física. O sr. Bud Lyndon compreende o significado da disciplina com amor.

Quando eu estava no primeiro ano do ensino médio, tive um treinador de atletismo que deixou a mesma impressão em mim. Ele era o maestro do momento; ninguém *ousava* desafiar sua autoridade. Eu teria preferido lutar com leões em vez de enfrentar o sr. Ayers.

Sim, eu tinha medo dele. Todos nós tínhamos. Contudo, ele nunca abusou de seu poder. Ele me tratava com cortesia e respeito em uma época que eu precisava de toda a dignidade que pudesse obter. Associadas à sua aceitação do indivíduo, havia uma nítida autoconfiança e uma habilidade para liderar uma alcateia de lobos adolescentes que já tinha devorado professores menos capazes. Foi por isso que meu professor de educação física do ensino médio tinha uma influência maior sobre mim do que qualquer outra pessoa nos meus quinze anos. O sr. Craig Ayers compreendia a disciplina com amor.

Nem todos os pais podem ser como o sr. Lyndon ou o sr. Ayers, e eu não ousaria sugerir que tentassem. Tampouco seria prudente para uma mãe demonstrar no lar a mesma rudeza que é apropriada no campo de atletismo ou na piscina. Cada pessoa deve adaptar seu sistema disciplinar a seus próprios padrões e reações de personalidade que considera naturais.

Contudo, o princípio dominante permanece o mesmo para homens e mulheres, pais e mães, treinadores e professores, pediatras e psicólogos. Ele envolve:

- Disciplina com amor.
- Uma preparação razoável para a responsabilidade e o autocontrole.
- Liderança dos pais, com o mínimo de raiva.
- Respeito pela dignidade e pelo valor da criança.
- Limites realistas que sejam impostos com firmeza.
- Uso criterioso de recompensas e castigos àqueles que desafiam e resistem.

Trata-se de um sistema que tem a aprovação do próprio Criador.

Por que os PROFISSIONAIS nem sempre sabem O QUE É MELHOR

Quando uma criança nascia durante os anos 1800 ou antes, sua mãe inexperiente era assistida por muitas amigas e parentes que a rodeavam oferecendo-lhe conselhos e apoio.

Pouquíssimas dessas tias, avós e vizinhas tinham lido algum livro sobre a criação de filhos, mas isso não era um obstáculo. Elas possuíam certa sabedoria popular que lhes dava confiança para lidar com bebês e filhos. Elas tinham uma resposta determinada para cada situação, quer essa resposta fosse correta quer não. Portanto, uma jovem mulher era sistematicamente ensinada a como ser *mãe* por mulheres mais velhas que tinham a experiência de muitos anos cuidando de crianças.

No entanto, com o desaparecimento dessa *família ampliada*, o encargo da maternidade tornou-se mais assustador. Atualmente muitos casais jovens não têm acesso a tais parentes e amigos prestativos. Eles vivem em uma sociedade instável, em que os vizinhos da porta ao lado são em geral totalmente estranhos. Além disso, suas próprias mães e pais podem viver em cidades distantes (e podem não ser confiáveis, mesmo que estejam disponíveis para ajudar).

Consequentemente, os pais jovens muitas vezes experimentam grande ansiedade por sua falta de preparação para criar os filhos. O dr. Benjamin Spock descreveu os receios dessas mães desta forma: "Posso lembrar-me de mães que choravam na manhã em que teriam de levar seu bebê para casa: "Não saberei o que fazer", lamentavam.

AS RAÍZES DOS PAIS PROFISSIONAIS

Essa ansiedade tem levado os pais a correr aos *especialistas* para obter informações e conselhos. Eles têm se voltado para os pediatras, psicólogos, psiquiatras e educadores em busca de respostas para suas perguntas sobre a complexidade da criação de filhos.

Portanto, cada vez mais crianças vêm sendo criadas de acordo com essa consulta profissional durante os últimos quarenta anos. Na realidade, nenhum país sobre a terra tem adotado mais os ensinos da psicologia infantil e a oferta de especialistas para a família do que os Estados Unidos.

Torna-se apropriado agora perguntar: "Qual tem sido o efeito dessa influência profissional?" Seria de esperar que a saúde mental das crianças norte-americanas ultrapassasse a dos indivíduos criados em nações que não têm essa assistência técnica.

Não tem sido esse o caso. A delinquência juvenil, o abuso de drogas, o alcoolismo, a gravidez indesejada, as doenças mentais e o suicídio são excessivos entre os jovens e continuam em firme ascensão. De diversas formas, temos feito da criação de filhos uma confusão! Naturalmente, eu não seria tão ingênuo em responsabilizar por todos esses infortúnios os maus conselhos dos *especialistas*, mas creio que eles têm desempenhado um papel na criação do problema. Por quê? *Porque em geral os cientistas do comportamento não têm confiança na ética judaico-cristã e têm negligenciado a sabedoria dessa tradição inestimável!*

Parece-me que no século em que vivemos proliferou uma geração de profissionais que se consideram qualificados a desconsiderar as atitudes e práticas de criação de filhos de mais de dois mil anos, substituindo-as por suas próprias percepções oscilantes do momento. Cada autoridade, escrevendo com base em sua própria experiência limitada e refletindo suas próprias inclinações peculiares, tem apresentado suas suposições como se elas representassem a própria *verdade*.

Um antropólogo, por exemplo, escreveu um artigo incrivelmente aterrorizante no semanário *The Saturday Evening Post* em novembro de 1968, intitulado *We scientists have a right to play God* [Nós, cientistas, temos o direito de exercer o papel de Deus]. O dr. Edmund Leach afirmou:

> Não pode haver nenhuma fonte para esses julgamentos morais, a não ser o próprio cientista. Na religião tradicional,

a moralidade foi mantida como sendo derivada de Deus, mas só se atribuía a Ele a autoridade para estabelecer e impor regras morais porque a Ele também eram atribuídos poderes sobrenaturais de criação e destruição. Aqueles poderes foram agora usurpados pelo homem, o qual deve assumir a responsabilidade moral que os acompanha.

Esse parágrafo resume as muitas doenças de nosso tempo. Homens arrogantes como Edmund Leach têm admitido que Deus não existe e colocaram a si mesmos em seu exaltado posto. Armados com essa autoridade, eles têm emitido suas ridículas opiniões ao público com inabalável confiança. Por sua vez, famílias desesperadas se agarram a suas recomendações sem fundamentos como se fossem coletes salva-vidas, os quais frequentemente afunda, levando consigo seus passageiros.

Relativismo moral e o lar

Esses falsos ensinos têm incluído as noções de que a disciplina amorosa é prejudicial, a irresponsabilidade é saudável, as instruções religiosas são perigosas, a rebeldia é um valioso ventilador da raiva, toda autoridade é arriscada e assim por diante. Em anos mais recentes, essa perspectiva humanista tem se tornado ainda mais extrema e anticristã.

Por exemplo, uma mãe me disse recentemente que trabalha em um projeto jovem, que tem obtido os serviços consultivos de certo psicólogo. Ele tem ensinado aos pais de crianças no programa que, a fim de que suas filhas jovens cresçam com atitudes mais saudáveis a respeito da sexualidade, seus pais devem ter relações sexuais com elas quando atingirem doze anos de idade.

Se você ficou abismado diante dessa sugestão, esteja seguro de que ela também me chocou. Entretanto, é a isso que nos leva o relativismo moral. Ele é o produto extremo de um empreendimento humano que não aceita nenhum padrão, não respeita nenhum valor cultural, não reconhece qualquer valor absoluto e não serve a nenhum *deus*, exceto à mente humana. O rei Salomão escreveu acerca de tais esforços tolos em Provérbios 14.12: *Há caminho que ao homem PARECE direito, mas ao cabo dá em caminhos de morte.*

A RECEITA DO CRIADOR PARA OS PAIS DE HOJE

Reconhecidamente, o livro que você está lendo contém muitas sugestões e perspectivas, contudo não estou tentando validá-las ou prová-las. Como meus escritos diferem das recomendações sem sustentação que tenho criticado?

A diferença está na *fonte* dos pontos de vista apresentados. Os princípios básicos expressos aqui não são ponderações inovadoras, que seriam esquecidas em pouco tempo. Antes, eles se originaram dos inspirados escritores da Bíblia, que nos deram o fundamento para todos os relacionamentos no lar.

Dessa forma, esses princípios têm sido transmitidos de geração em geração até nossos dias. Nossos antepassados os ensinaram a seus filhos, os quais por sua vez os ensinaram aos filhos deles, mantendo o conhecimento vivo para a posteridade. Agora, infelizmente, essa compreensão está sendo fortemente desafiada em alguns círculos e totalmente esquecida em outros.

Se tive uma missão básica ao escrever este livro, ela não foi receber direitos autorais, propagar o nome de James Dobson ou demonstrar minhas habilidades profissionais. Meu propósito tem somente a ambição de expressar a tradição judaico-cristã em relação à disciplina de filhos e aplicar esses conceitos às famílias de hoje.

Essa abordagem está profundamente enraizada na cultura ocidental, mas, que eu saiba, nunca foi abordada por escrito de forma clara e direta. Ela envolve:

- Controle com amor.
- Uma razoável preparação para a autodisciplina e a responsabilidade.
- *Liderança* dos pais visando o melhor para o interesse da criança.
- Respeito pela dignidade e pelo valor de cada membro da família.
- Limites realistas que são impostos com firmeza.
- Uso criterioso de recompensas e castigos quando requeridos pelo treinamento.

Este é um sistema que existe há mais de vinte séculos de criação de filhos. Eu não o inventei nem posso mudá-lo. Minha tarefa está sendo meramente comunicar o que acredito ser a receita do próprio Criador.

Estou convencido de que essa compreensão permanecerá viável enquanto mães, pais e filhos existirem na face da terra. Ela certamente sobreviverá ao humanismo e aos débeis esforços do gênero humano para encontrar uma alternativa.

Perguntas e respostas

Pergunta: Minha filha de três anos, Nancy, faz brincadeiras desagradáveis comigo quando vamos às compras. Ela corre quando a chamo e exige doce, goma de mascar e bolo em pacote. Quando recuso, ela me causa o maior constrangimento com uma explosão de birra que você não pode imaginar. Não quero castigá-la na frente de todas aquelas pessoas, e ela sabe disso. Que devo fazer?

Resposta: Se há locais sagrados onde as regras e as restrições usuais não são aplicadas, é exatamente aí que seus filhos vão se comportar de modo diferente, mais do que em qualquer outro lugar. Sugiro que você fale com Nancy na próxima ida ao mercado. Diga-lhe exatamente o que você espera e torne claro que está falando sério.

Então, quando o mesmo comportamento ocorrer, leve-a ao carro ou atrás do prédio e faça o que tem feito em casa. Ela vai entender a mensagem.

Pergunta: Meu filho de dez anos frequentemente coloca seu copo de leite muito perto do cotovelo quando está comendo à mesa e já o derrubou pelo menos seis vezes. Continuo dizendo-lhe para mudar o lugar do copo, mas ele não quer ouvir. Quando ele derramou o leite ontem novamente, eu o sacudi e bati nele. Hoje não me sinto bem por causa do incidente. Eu deveria ter reagido com mais paciência?

Resposta: É muito fácil dizer a uma mãe que ela não deveria ficar tão transtornada sobre algo que aconteceu ontem. Afinal de contas, não fui eu quem teve de limpar a sujeira. Entretanto, seu filho não tem a *intenção* de derramar seu leite e ele foi, com efeito, punido por sua irresponsabilidade. Teria sido melhor criar um método de chamar sua atenção e ajudá-lo a se lembrar de retornar seu copo a um lugar seguro.

Por exemplo, você poderia ter delimitado uma *zona de perigo* com papel vermelho e fixado ao lado de seu prato. Se o menino colocasse seu copo sobre aquele papel, ele teria de ajudar a lavar os pratos depois do jantar. Garanto-lhe que dificilmente ele *esqueceria* novamente. De fato, esse procedimento provavelmente o sensibilizaria quanto à posição do copo, mesmo depois que o papel fosse removido.

Pergunta: Como posso saber com certeza se meu filho está me desobedecendo intencionalmente?

Resposta: Essa pergunta tem sido feita a mim centenas de vezes. Uma mãe dirá: "Acho que Carlos estava sendo desrespeitoso quando lhe disse para tomar seu banho, mas não estou certa do que ele estava pensando".

Há uma solução muito franca e direta para esse dilema na criação de filhos: use a primeira ocasião com o propósito de esclarecer a próxima. Diga a seu filho: "Carlos, a resposta que você me deu neste momento me pareceu insolente. Não estou certa da sua intenção. Por isso vamos nos entender. Não fale mais comigo desse modo". Se acontecer outra vez, você saberá que foi intencional.

Muita confusão sobre como disciplinar resulta de uma falha dos pais em não definir os limites apropriadamente. Se você está hesitante sobre o que é aceitável e inaceitável, então seu filho ficará duplamente confuso. Portanto, não o castigue até que tenha traçado os limites muito claramente para que não haja infração. Então, muitas crianças os aceitarão, com apenas deslizes ocasionais.

Pergunta: Como você consegue que os filhos se comportem educada e responsavelmente, especialmente quando não prestam nenhuma atenção às suas repetidas instruções?

Resposta: As crianças gostam de jogos de todos os tipos, especialmente se os adultos se envolvem com eles. É muitas vezes possível transformar uma sessão de ensino em uma atividade que *sensibiliza* a família para o ponto que você está tentando ensinar.

Se você não se importar com outro exemplo pessoal, permita-me dizer-lhe como ensinamos nossos filhos a colocar seus guardanapos no colo antes de comer. Tentamos relembrá-los por dois ou três anos, mas simplesmente não estava funcionando. Então o transformamos em um jogo em família.

Agora, se um dos Dobson toma um simples bocado de comida antes de pôr seu guardanapo no colo, ele é obrigado a ir a seu quarto e contar até 25 em voz alta. Esse jogo é altamente eficaz, embora tenha algumas desvantagens definidas. Você não pode imaginar quão tolos Shirley e eu nos sentimos quando estamos em pé em uma parte vazia da casa contando até 25, enquanto nossos filhos dão suas risadinhas. Ryan, especialmente, *nunca* esquece seu guardanapo e ele nos pega de surpresa, especialmente em nossos momentos de preocupação. Ele se senta perfeitamente imóvel, olhando firme para a frente até que o primeiro bocado é engolido. Em seguida, ele se vira para o faltoso, aponta o dedo e diz: "Te peguei!"

Jogos e atividades devem ser a primeira opção na busca de objetivos relacionados ao ensino de responsabilidade.

Pergunta: Devo permitir que meu filho diga "Odeio você!" quando está com raiva?

Resposta: Em minha opinião, não. Outros escritores lhe dirão que todas as crianças odeiam seus pais ocasionalmente e deve-se permitir que extravasem sua hostilidade. Creio que é possível (e bem mais saudável) incentivar a expressão de sentimentos negativos sem agravar as explosões de raiva e o comportamento agressivo.

Se meu filho vociferasse seu ódio contra mim *pela primeira vez* em um momento de extrema raiva, provavelmente eu esperaria até que sua cólera tivesse esfriado e depois lhe transmitiria a seguinte mensagem, de uma forma amorosa e sincera: "Carlos, sei que você estava muito descontrolado hoje pela manhã quando tivemos nosso desentendimento e penso que devemos conversar sobre o que você estava sentindo. *Todas* as crianças ficam com raiva de seus pais uma vez ou outra, especialmente quando se sentem tratadas injustamente.

"Compreendo sua frustração e lamento que tenhamos chegado a essa discussão. Mas isso não justifica você dizer que me odeia! Você vai aprender que, por mais perturbado que eu fique por alguma coisa que você tenha feito, *nunca* direi que odeio você. Mas não posso permitir que você fale assim comigo.

"Quando as pessoas se amam, como você e eu, elas não querem magoar umas às outras. Fico magoado por ouvir você dizer que me odeia, do mesmo modo que você ficaria magoado se eu dissesse a você alguma coisa semelhante. Você pode, porém, dizer-me o que irrita você, e eu o ouvirei atentamente.

"Se eu estiver errado, vou fazer o melhor que puder para mudar as coisas que o desagradam. Por isso, quero que você compreenda que está livre para me dizer *qualquer coisa* que quiser, como sempre, mesmo que os seus sentimentos não sejam muito agradáveis.

"Nunca, porém, permitirei que você use palavras impróprias e ponha para fora suas reações explosivas. Se você se comportar de maneiras infantis, terei que castigá-lo, como faria a uma criança menor. Há alguma coisa que você precisa me dizer agora? Se não houver, então coloque seus braços em torno de meu pescoço, porque eu amo você!"

Meu propósito seria permitir o desabafo de sentimentos negativos sem estimular o comportamento violento, desrespeitoso e manipulador.

Pergunta: Então você iria tão longe a ponto de se desculpar com um filho, se estivesse sentindo que cometeu um erro?

Resposta: Certamente, e de fato já fiz isso. Há alguns anos, eu estava sobrecarregado com responsabilidades urgentes que me deixaram cansado e irritado. Certa noite, estava aborrecido e agressivo com minha filha de dez anos. Sabia que não estava sendo justo, mas me sentia muito cansado para corrigir minha conduta. No decorrer da noite, censurei Danae por coisas de que ela não era culpada e ralhei com ela várias vezes desnecessariamente.

Depois de ir para a cama, percebi que havia agido mal e resolvi desculpar-me na manhã seguinte. Depois de uma boa noite de sono e um saboroso café da manhã, senti-me mais otimista em relação à vida. Acheguei-me à minha filha antes de ela ir para a escola e disse: — Danae, tenho certeza de que os pais não são seres humanos perfeitos. Ficamos cansados e nervosos exatamente como outras pessoas e há momentos em que não nos orgulhamos da forma com que nos comportamos. Sei que não fui justo com você ontem à noite. Estava terrivelmente desgostoso e quero que você me perdoe.

Danae pôs seus braços em volta de mim, o que me emocionou completamente. Ela disse:
— Eu sabia que você ia se desculpar, papai. Está tudo bem. Eu perdoo você.

Pode haver qualquer dúvida de que as crianças são muitas vezes mais conscientes dos conflitos entre gerações do que seus pais ocupados e estressados?

Referências bibliográficas

APA Monitor. Washington, D.C.: American Psychological Association, vol. 7, nº 4, 1976.

BEECHER, Marguerite e Willard. *Parents on the run: a common-sense book for today's parents.* New York: Crown Publishers, 1955.

BRAZELTON, T. Berry. *Toddlers and parents: a declaration of independence.* New York: Delacorte Press, 1974.

DOBSON, James. *Dare to discipline.* Wheaton, IL: Tyndale House Publishers, 1970.

______. *Esconde-esconde.* São Paulo: Editora Vida, 1981.

______. *Ouse disciplinar.* Nova edição. São Paulo: Editora Vida, 1994.

LEACH, Edmund. "We scientists have a right to play God", em *The Saturday Evening Post*, novembro de 1968.

VALUSEK, John. *Parade magazine,* 6 de fevereiro de 1977.

WOODWARD, Luther, em MORTON, Edwards, ed. *Your child from two to five.* New York: Permabooks, 1955.

Anotações

Anotações

Anotações

Anotações

Sua opinião é importante
para nós. Por gentileza envie
seus comentários pelo *e-mail*
editorial@hagnos.com.br

Visite nosso *site*: www.hagnos.com.br

Esta obra foi composta na
fonte Chaparral Pro 12/16,35 e
impressa na Imprensa da Fé.
São Paulo, Brasil.
Verão de 2019.